人生90年時代を高齢者が年金と預金で人間らしく生活するには

——所得保障・医療・介護・住宅・後見・相続・終活——

高野 範城

創風社

序　本書を読む人へ

1　今日の高齢者の関心

　私は1970年に弁護士になってから45年間，子どもから高齢者までの各種の社会保障の事件や生活の相談などに深く関与してきました。特に，高齢者や障害のある人の問題は雇用・年金・医療・介護などの裁判，そして7つほどの特別養護老人ホームなどの法人の役員・顧問として関わってきました。また，日弁連の高齢者問題の責任者の1人として，成年後見・財産管理・ホームロイヤーなどの問題にも取り組んできました。さらに，この30年ほどの間に定年前の高齢者は勿論，企業，介護事業者，市民団体，消費者団体，障害者団体，自治体，そして弁護士会や生活困窮者の人々などから頼まれて，全国各地で毎年，多数回にわたって高齢期のセミナーの講師をしてきました。演題は定年後の生活設計（預金・年金）とライフスタイル・医療・介護・生活保護・成年後見・相続・遺言などです。本書は前記の45年の経験と高齢者のセミナーの記録でもあります。企業などのセミナーで男性の関心が高い質問は，人生80年時代を生きるには年金以外にいくらの預貯金があったらよいかです。そして父母の相続に伴う遺産分割と遺言による遺留分の減殺請求の問題です。市民団体などでのセミナーでの女性の関心は，人生90年時代を生きるための父母の介護と費用負担の問題であり，相続での特別寄与分や「へそくり」と税務調査の関係，20年間の夫婦間の居住用不動産の贈与，そしてひとり暮らしになった後の在宅や老人ホームでの費用負担の問題です。消費者団体のセミナーでは介護サービス事業者の選び方や介護事故との関係，介護をされる父母の，何故自宅で最後まで過ごせないかの悲しみなどの是非です。時には人生の最後のステージ

の関係で父母の悲しみの話をすると，会場から嗚咽が聞こえる時がありました。他方，障害者団体の父母からの質問の多くは障害年金の増額と「親亡き後」の在宅と施設での暮らし，特に成年後見人が障害のある子のためにどんなことをしてくれるかです。生活困窮者の人々からは，人間らしい暮らしをするための年金の増額と生活保護のあり方が多かったと言えます。私は講演会の会場では4つのことを述べることにしています。その1は，社会保障は思想・信条・政党支持に関係なく一致点を見い出すべきテーマであるということです。それゆえ問題は誰の利害・立場を重視するかが大切であるということです。2つ目は，定年後は定年前の企業の肩書は全く通用しないことに加えて，自分の判断のみで生活していかなくてはならないことです。企業に勤務していた時は，あらゆることが合議制であり，何かと企業や労組がお膳立てをし，企業の方針に従っていれば安心でした。しかし，定年後は企業の考えやマスコミなどに影響されず，自分で情報を収集し，自分の頭で考え，その結果をすべて受け入れるとの覚悟が必要です。定年後は自己責任の世界になります。3つ目は，高齢であっても人間は生きているから人間だということです。病気や要介護状態，認知症になっても人間は生きているからこそ尊厳を保障され，社会の人々から敬愛される必要があることです。しかし現在の社会では，「高齢者」というと「役立たず」「金喰い虫」と同じように使われがちです。このような浅い人間理解は個人の尊重と平等に至る人権の歴史を知らない人の理解です。4つ目は，老後を国の福祉にどこまで頼れるかに関係して，現役の時（定年前）は本人の働きや能力などに応じて生活条件に差があるのはやむを得ないが，定年後は原則として新たな収入が年金以外にはない以上，社会保障の利用にあたっては収入による差別をなくし，老後は平等であるべきだということです。ここで老後の平等とは，老人福祉法2条にあるように，高齢者は長年にわたって社会に貢献してきた以上，社会から敬愛される，見返り・代償としてお金の心配を

せずとも，国が積極的に国民の健康・介護などに責任を持つべきである，それが所得の再分配による平等の意味だということです，と応えることにしています。また，社会保障の実施にあっては所得の再分配とともに社会連帯も大切だとしています。ちなみに，社会連帯とは人間の持つ優しさとヒューマニズムの別の表現であり，すべての人の幸福な生活と平等の実現をめざすものと解すべきです。しかし，今日の国の社会保障政策は，所得の有無・程度で社会保障の利用に差を設けており，低所得の人々にとってはまことに利用しづらい制度となっています。ここに人生90年時代の深刻な問題状況があります。

2　人生80年と90年時代の相違

　人生90年時代は日本人は勿論，人類が初めて経験する社会です。そうであるとすれば，国と社会は英知を結集する必要があります。しかし，国は一部の官僚などの知恵で困難を乗り切ろうとし，そのため介護保険にみるように3年ごとの場当たり対応に終始しています。介護の深刻さと長期化は，老人ホームの入居者の最近10年の変化を考えると明白です。入居者の1/3は90歳以上の人であり，しかも重度化した，見守りが不可欠な人々です。そして，多くの老人ホームに100歳以上の人が複数います。人生90年時代における85歳以後の人の生活は各種の社会保険などの負担と実費を考えると到底個人の力で対応できないほど厳しく，重い現実があります。高級な老人ホームに住んでいた人も，100歳近くまで生きたために預貯金や資産が底をつき，特別養護老人ホームに転居する人が出るほどです。資産や所得のある人も保険外の病気の治療や上乗せ・横出しなどの介護サービスを受けるとお金が「羽が生えたように」消えていきます。人生90年時代にあっては心身の状況からして，一般の人は80歳頃からは他人の援助を必要とし，自力で生活するのは困難

になること年金と預貯金を合算したとしても85歳頃からの医療と介護の出費増のために預貯金などは底をつき，そのため社会保険料と各種の自己負担ができない人々が急激に増加する社会です。今日のように，高齢者の自然増に対応する各種公的費用のカットの対応が今後とも続けば，資産を持っている人を含めて90歳ぐらいから生活費が著しく不足して，生存そのものに困難をきたします。いずれにしても，日本は1970年代に高齢化率が7％を超え，その後14％，25％となって，4人に1人は高齢者の社会になっています。そして戦後初期の人生50年がその後，人生60年，70年，80年となり，ついに人生90年になろうとしています。長寿は人類の願いでした。その願いが今，実現しつつある時，国と国民は高齢者をどう位置づけ，対応するかが今，改めて問われています。

3 　高齢者の生活の実情と国の政策

　本書は夫婦・親子・ひとり暮らしの人の所得保障・医療，75歳を過ぎてからの財産管理や消費者被害，並びに85歳を過ぎてからの後見・要介護の人の老人ホームの選択，相続・死亡までの高齢期の全生活をトータルで鳥瞰しています。また，本書は憲法13条と25条を重視する実務法律家の立場から，現行の家族法と社会保障法令の問題点を憲法に照らして洗い出しています。そして高齢者が人生の最後のステージまで自分らしく生きるための国の公的支援・保障のあり方について検討しています。今日の国の施策は，福祉国家とは真逆の公共事業や大企業の育成，そして軍事などの従来型の財政を最優先する政策をとっています。そのため社会保障の予算はカットに次ぐカットです。冷静に考えると社会保障や社会保険の生存権保障は憲法25条に明確に根拠があります。これに対し，公共事業・大企業の優遇は憲法上の根拠がありません。まして軍事関連の予算の支出は憲法9条などで禁止しています。現在の国の政策は憲法に根

拠のある社会保障には冷たく，根拠がなかったり，禁止している事柄には手厚い政策となっています。超高齢化社会の今日，こんな政策の優先順位でよいかを考えてみる必要があります。いずれにしても，現在の高齢者の多くは戦前の家制度の下で育ち，戦後の経済の発展の下で必死に働いて親を扶養をし，子どもを育ててきた人です。そして，年金・医療・介護などの保険料を長年にわたって支払い，国との「公の約定」にもとづいて今，各種のサービスを受けようとしている人です。その人々に対し，国は「公の約定」＝社会保険を実現する必要に追い込まれています。しかし，今日の日本の社会福祉施策は，1960年代から1970年代の高度経済成長期とは異なって，福祉切り捨てに近い「低福祉高負担」の有料福祉です。そのため戦前・戦後を懸命に生きてきた現在の年金生活者の中には医療や介護のサービスを利用できなかったり，利用できても負担が重いため利用回数を減らさなければならななくなっています。他方，超高齢社会では労働者は勿論，官僚も財界人も退職すると「ただの」高齢者となり，退職後30年の生活設計が必要となります。その意味で人生90年時代は社会的地位に関係なく，すべての高齢者が共通に生活設計・介護・医療などを考えなくてはならない時代と言えます。さらに，今日の社会はひとり暮らしの人が増大し，政府がさかんに喧伝している家族を頼りとする日本型福祉は崩壊しつつあるのが現状です。これらの現実を直視するならば，「家族による扶養」ではなく「社会」による「福祉」の実現しか人間らしく生きる道はありません。

4　本書の特徴

　本書は私の45年間の年金・医療・介護など社会保障などの裁判や老人ホームなどの運営に多年にわたって関与してきた経験にもとづき，60，70代の高齢者は勿論，社会福祉になじみが薄い弁護士・税理士・司法書士，行政書士を対象にして年金・医療・介護などの仕

組みと実態などについて述べています。また，老人ホームや地域包括支援センターなどの職員のように，後見・相続などの民法などの法知識が十分でない人に家族法などの仕組みと問題点を述べています。そのうえで本書は，高齢期の様々な社会問題と法的諸問題について入門編から応用編までを世界の人権や社会保障の歴史と関係づけて考察しています。その意味で本書は家族法や社会保障法の「教科書」や高齢者向けのいわゆる「Q＆A」や「ハウツー」ものの解説本とも違います。

　私がこのような本の出版を思い立ったのは，2つの理由があります。1つは社会保障などの教科書の多くは社会保障の制度の解説が中心です。社会保障を現に利用している高齢の人々の生活実態や費用負担の重さや悩みについての言及があまりないのが特徴です。そこで，誰もが利用しやすい制度にするためにどうしたらよいかについて，憲法13条，憲法25条の視点から現行の法令を検討しています。もう1つは介護などに従事している家族や成年後見の業務に関与している弁護士・司法書士などの中には，医療や年金について深く知らない人が少なからずいるためです。そのため高齢者の最善の利益を考えずに業務に従事しがちな人がいます。高齢者の生活を支援・保障するには，戦前・戦後の日本の歴史は勿論，家族と本人の生活の歩み，高齢者にはどんな権利が憲法上・法律上あるかを常に考えて業務に従事する必要があります。他方，社会福祉の従事者や行政の職員は法を適用し，執行する立場にあるものの，それをもって役目を果たしたと解すべきではありません。そのような不十分な職務態度では法の不備・欠陥のために泣き寝入りしたり，見捨てられる人々が大勢出ることになります。現に生活保護を受けられずに餓死したり，自殺したりしている人，低額な年金のために家族に遠慮して小さく小さく生きている高齢者がいます。様々な事情で生活などに困窮している人を救済するのが社会福祉の従事者の使命なはずです。社会保障は労働法と同じく社会的弱者を護る法であり，利用者

のニーズに応じて日々変化する法です。100年間でほとんど改正がなかった民法の商取引などの規定とは違い、社会保障法、例えば障害者雇用促進法は再三再四に及ぶ改正があります。社会保障制度と運用は日々変化し、その変化の実現に寄与するのが福祉の現場の人々・研究者の役割です。法の不備などを打開し、改善するための、福祉の現場の人々の役割は重大です。そこで、その方法は2つあります。その1つは国会や自治体を動かし、現に苦しんでいる人々と一緒に、あるいは代弁して様々な法改正や条例制定の運動をすることであり、他の1つは困っている人々を支援し、救済するために社会保障の裁判を起こすことです。少しでも人間らしい生活を85歳を過ぎてもしようとすると、社会保険の利用は勿論、保険外の各種負担を個人の責任でせざるを得ないのが現状です。しかも、現在の国の政策の下では、多少資産のある人も85歳ぐらいから、遅くとも95歳ぐらいで資金不足を生じます。このような高齢者の生存を事実上否定する政策の現状を打開し、すべての高齢者が安心して暮らすには、政策の転換を国に迫り、人間を大切にする福祉国家の道を歩むようにするしかありません。社会保障は友情と社会連帯にもとづいています。是非とも大勢の人々が本書を読んで現状の家族法と社会保障の実情を知り、人生の最後のステージまで人間らしい生活を多くの人々が送れるように尽力されることを心より願っています。

2014年7月

弁護士　高野　範城

目　次

序　本書を読む人へ……………………………………………3

第1章　家族の変容と急速な高齢化にみる公的支援・保障の
　　　　必要性……………………………………………………15
　第1節　経済社会と家族の変容からみた今日の親子間の扶養・
　　　　介護の実情について……………………………………15
　第2節　現在の年金と預貯金で人生90年時代を
　　　　生きられるか……………………………………………27

第2章　社会の歩みからみた国・企業の高齢者施策の転換の
　　　　必要性……………………………………………………41
　第1節　私的扶養と公的扶養の諸問題………………………41
　第2節　人生90年時代の高齢者の生活保障…………………56
　第3節　国・企業の政策転換の必要性………………………66

第3章　人権の歴史からみた高齢者の生存権保障……………77
　第1節　高齢者の生存権の保障の意義と課題………………77
　第2節　認知症高齢者の人権…………………………………88

第4章　生活保護・年金・医療・介護と今後の課題…………103
　第1節　生活保護と社会保障裁判……………………………103
　第2節　医療・年金と生存権保障について…………………113
　第3節　在宅介護・施設介護と負担の軽減・免除…………129

第5章　高齢期の財産管理・消費者被害並びに後見制度……………145
第1節　75歳以降の財産管理・消費者被害などの事故…………145
第2節　成年後見と権利擁護……………………………………157

第6章　相続・遺言・相続税・終活………………………………171
第1節　相続対策と遺言の関係について……………………………171
第2節　遺産分割と相続税……………………………………………181
第3節　人生の四季と終活まで………………………………………191

終　章　安心と安定した生活の保障を………………………………203

意見表明書（案）………………………………………………………225

後見人になる人へ………………………………………………………228

関与した主な社会保障裁判など………………………………………232

参考文献…………………………………………………………………236

略歴書……………………………………………………………………249

人生90年時代を高齢者が年金と預金で人間らしく生活するには

――所得保障・医療・介護・住宅・後見・相続・終活――

第1章　家族の変容と急速な高齢化にみる
　　　　公的支援・保障の必要性
　　　——扶養と介護にみる家族と国家——

第1節　経済社会と家族の変容からみた今日の親子間の扶養・介護の実情について

1　戦前の家制度

　明治憲法下の民法は家制度を中心に戸主と子の関係を定めていました。家族が病気や失業をしても，あくまでもそれは家の責任であり，国は関与しませんでした。それでいながら，国は教育勅語や軍人勅諭などを通じて個人の思想・信条・生死などについて大きな影響力を持っていました。忠君愛国，夫婦相和し，「生きて虜囚の辱めを受けるなかれ」，などがそれです。また，明治憲法には憲法25条のような生存権規定はなく，社会保障立法も事実上皆無に近かったと言えます。貧困や病気のために生活できない人がいても国家は関与せず，親族相救，親族相扶の名で家族の責任が強調されていました。例えば1874年12月の「恤救(じゅっきゅう)規則」では，貧困者は人民同士で救い合うべきで，どうしても放置できない無辜の窮民だけは救助してもよいとしていました。それは70歳以上の老衰または重病のもの，不具廃疾者，病人，13歳以下の児童の四者に対して一定限度の米代を支給するとするものでした。窮民を救うのはあくまでも国家のお慈悲でしかなかったと言えます。その後，大正デモクラシー，米騒動，国民の普通選挙運動や労働運動などの高揚を経て救護法が制定され，1932年1月よりこれが実施されました。この法律は生活・医療・助産・生業などで公費負担をすることが義務づけられ

ていましたが，国民の側には権利があるとはされていませんでした。また，戦前の日本では女性の選挙権は勿論，社会参加，特に就労も限定されていたため，貧しい家庭では父母が病気の時は娘が治療費を得るために「身売り」に近い対応をせざるを得ない時がありました。そんなこともあって，貧しい家庭では結婚も愛情を基本とするのではなく，生活のための必要（食い扶持・労働力の確保）が優先していました。

2　生活様式と家族の関係

　戦後，1960（昭和35）年頃までは，日本社会は江戸時代以来の人間関係・人情・風俗などが色濃く残っていました。子どもたちの遊びも道路での石蹴りであったり，かくれんぼでした。大人の世界も夏の暑い日の夕方には道路に出て夕涼みをしたり，将棋や囲碁をする人がいました。その意味で近隣の人々との交流もそれなりにありました。高度経済成長が軌道に乗りつつあった昭和35年頃までは，日本の労働者の所得は低く，かつ一般の勤労者も貧しく，中学から高校への進学率は50％前後，高校から大学への進学率は1割前後でした。日本人全体が貧しかったから，ある意味では近隣の人がお互い助け合わなければ生きられない時代でもありました。米や味噌が足りなければ近所から借りたり，家族で祝い事があると近所に赤飯を配ったりしました。自宅に風呂がある家は少なかったから，銭湯に行くか，近所の風呂のある家へ「もらい風呂」に行ったりしていました。そんな「共同体」関係の風習は，その後の高度経済成長で大きく変化します。地方の人は働き場を求めて大都市へ移動したため，親子が都市と田舎で別々に住むようになりました。

　他方，戦前・戦後しばらくの日本の産業は，農業や漁業などの第1次産業が人々の生活を基本的に支えていました。そして地方では酒・タバコ・米などの物販店は勿論，鍛冶屋・魚屋・八百屋・金物屋などの自営の人が多かったと言えます。また，私は子どもの時は，

近隣の大人が政治・経済の話などをするのを「耳学問」で聞きながら育ちました。私の父は昭和39年4月に大学入学のために上京する私に,「18歳までの間に東京で生活できるよう育てたから,安心して行ってこい」と送り出してくれました。それでも東京での生活は辛いことが多々ありました。そんな時,相談相手になってくれたのは既に東京で暮らしていた4人の兄姉でした。そして姉の配偶者の助言でした。これらの人々の存在は,私にとってはまことに心強かったと言えます。1960年代の終わり頃までには,多くの家庭では子どもが親に仕送りするか,同居して親を扶養していました。親も子どもが都会で出世などをすると大喜びであり,苦労をして育てた甲斐があったと近所の人に自慢をしたものでした。人生50年時代の残滓があったにしても,1960年代頃は,いろんな意味で親と子を含む家族の結びつきは強かったと言えます。その姿を,昭和39年の東京オリンピックのマラソンで3位に入り,その後自殺した円谷幸吉氏の遺書にみることができます。

「父上様,母上様,三日とろろ美味しうございました。(中略)敏雄兄,姉上様,おすし美味しうございました。勝美兄,姉上様,ブドウ酒,リンゴ美味しうございました。巖兄,姉上様,しそめし,南ばんづけ美味しうございました。喜久造兄,姉上様,ブドウ液,養命酒美味しうございました。又いつも洗濯ありがとうございました。幸造兄,姉上様,往復車に便乗さして戴き有難うございました。モンゴいか美味しうございました。正男兄,姉上様,お気を煩わして大変申し訳ありませんでした。幸雄君,秀雄君,幹雄君,敏子ちゃん,ひで子ちゃん,良介君,敬久君,みよ子ちゃん,ゆき江ちゃん,光江ちゃん,彰君,芳幸君,恵子ちゃん,幸栄君,裕ちゃん,キーちゃん,正嗣君,立派な人になって下さい。父上様,母上様,幸吉はもうすっかり疲れ切ってしまって走れません。何卒お許し下さい。気が休まる事なく,御苦労,御心配をお掛け致し申し訳ありません,幸吉は父母上様の側で暮らしとうございま

した」

　上記の遺書について大江健三郎氏は

　　「私のような古い世代の日本人にはこれらの名前の命名法のイデオロギーから家父長が権威を持っている家族であることがわかります。その家族主義は親戚に向けて広がっています」

としています（『鎖国してはならない』講談社文庫83，84頁）。同時代を過ごした私もこの遺書を読むと胸が締め付けられます。

3　経済の成長と家族関係の変化

　昭和39年の東京オリンピック前後から，日本はアメリカに追いつけ追い越せをスローガンとし，これを少しずつ実現してきました。日本社会は高度経済成長に伴って農村から都市へ，都市から大阪・東京などの大都市への人口の移動が生じました。人口の大都市への集中によって住宅難となり，郊外に団地の建設が促進され，大阪の千里ニュータウン，東京の多摩ニュータウンのような高層の団地が建設されました。団地に住む人々は「隣は何をする人ぞ」というタイプの人が多かったと言えます。団地の住民は3人ないし4人の小家族です。この人々は普通の生活をするために猛烈に働いて，高度経済成長を実現してきました。それでも地方から出てきた人は故郷での生活が「原風景」であり，親を扶養し，親孝行をしなくては，との思いが心の片隅にありました。それゆえ田舎の父母が高齢で働けなくなったり，病気になったり，要介護状態に近い状態になった時，「放ってはおけない」として父母との同居を決断したり，父母を都会に呼び寄せる人がいました（伊藤シズ子『呼び寄せ高齢者』風媒社）。しかし，団地での祖父母・親子の同居は，お互いに窮屈な生活であるばかりでなく，地方から出てきた親にとってみると近所には知らない人ばかりの寂しい生活でしかありませんでした。しかも，頼りにしていた子どもは朝早く家を出て夜遅く帰宅する生活の連続で，子どもとの同居は潤いが少ないのが実情でした。呼び寄せられた高

齢者にとってみると，前述したような都会での生活は慌ただしいだけで，住みづらいものでした。そんな高齢者の悩みもあって，次第に都会で子どもと同居する高齢者は減少するに至りました。他方，21世紀になると田舎から出てきて都会に居住していた人々も高齢化しました。次第に実家の父母や兄弟との交流も薄くなり，孫たちは都会で育ち，大人になって核家族を形成するようになっています。今日の経済社会はお互いが助け合わなくても日々の暮らしができる社会になっています。例えば，都市と言わず田舎と言わず，24時間営業のコンビニがあります。コンビニでは生活に必要なものは一応準備できます。また，JRなどの駅の切符は券売機や「スイカ」であったり，タバコやジュースは自動販売機，コンビニやスーパーは値札がついていて売主との交渉の余地のない値段です。カレーライス店やラーメン店その他の飲食店も券売機です。若者は人と話をしなくてもよいので券売機は便利だとしています。そして銀行は窓口ではなく機械で，サラ金業者は「無人機」で金を貸しています。親や親族に頭を下げて味噌や金を借りる必要もありません。また，かつては貴重品とされた時計・メガネなどは修理するより買い替えた方が安いとして「愛着」を含めて切り捨てられています。そのような人間同士の会話不在・部品交換型の生活習慣は，次第に自分の意思を相手へ正確に伝えることができないタイプの人間や，物を物としか見ることのできない（作り手・贈り手のことを考えない）情の薄い人を多数作り出しています。

4　核家族

　今日の家族は3人前後の核家族です。核家族とは，単に家族の単位が小さくなったことを意味するわけではありません。家族が交流する範囲・情報・話題が「核」になってしまっている状態でもあります。今日の家族は「向こう三軒両隣」という地域の最小単位の人々とも付き合いがありません。かつては「村八分」という言葉があって，

地域の取り決めを犯した者を絶縁をしたことがありました。それでも火事と葬式の二分は残していましたが，いまやその二分の交際も核家族の下では必要としない社会となっています。また，今日の家族は前述したコンビニ・券売機などのような便利さの陰で，いろんなものを失っています。例えば，一家の団欒の時間，友達との交流，地域のお祭りへの参加，友人との旅行などがそれです。最近では多くの情報は新聞・雑誌などの印刷物ではなく携帯やスマホです。友情を基本にした人付き合いの中での良質な情報の入手ではなくなっています。大学生はじっくりと本を読み考えて論文を執筆するのではなく，スマホの情報です。信州大学の学長は平成27年4月6日の入学式で，このような状況を憂えて「スマホをやめるか，信大をやめるか」と学生に問うているほどです。核家族にあっては祖父母の死や，家族が老いていく姿を見る機会もありません。そんな空間で育った人々が今，親となって子育てをしています。医師で作家の徳永進氏は戦後の日本社会で家が捨てたものとして，「出産，育児，教育，農耕，食事，排泄物処理，病気治療，老い，死，葬式」をあげています（『図書』2015年4月）。

　以上のような産業・地域社会・家族の変化の状況で，子どもから大人に至るまで核化・弧化し，自分に直接関係のない政治・経済などのことは考えなくなっています。親子の関係もかつての家族とは明らかに変化し，ドライになっています。老人ホームの役員をしていると，1年に1度も親の見舞いに来ない子がいたり，親の遺体を引き取りに来ない子どもに出会うことさえあります。

5　核家族と親子の情愛

　前述したように，核家族の人々は狭い社会の中で生活しています。田舎と言わず，都会と言わず，他人との交流は勿論，家族の間の対話と言うか，団欒の時間も十分ではありません。小家族になったのですから，家族の間で十分に愛情を高め，生活に必要な情報を話し

合うことが可能であるはずです。が，それが今日の家族の間ではほとんどできていません。都会の住民は3.11の津波のような辛い事態に家族で共感・共鳴し，支援していくという共同体としての意識が薄いのが現状です。また，共同体の劣化の中で，マンションや車の普及に伴ってプライベートな空間とパブリックな空間の区別もつかない人々が出てきています。電車や飛行機，学校や公共の場所で家庭や車の中と同じく大声で話したり，走り回ったり，化粧や食事をする人がいます。社会人として必要な基礎的生活習慣や躾が家庭の中でできていない人が大量に育ち，社会に「出回る」ようになっています。他方，親自身は日々の生活と言うか仕事で「いっぱいいっぱい」です。食事は食材の選択，調理，そして食べることを通じて家庭の結びつきの原点と言うか，文化のはずでした。地産地消の原則や旬の野菜などを味わうことが日本人の食文化でした。しかし，今日では忙しい生活の下で昼夜を問わずファストフードの画一的なものを食する人が多くなっています。食事も電子レンジで温めるだけの冷凍食品であったり，390円のハンバーガーであったり，280円の牛丼であったりします。極論すると，何でこの夫婦は一緒に生活しているのか，家族が同じ屋根の下で生活をしているのかの「絆」が薄い家族が多くなっています。そんな状況の下で子どもが育ち，成人したとしても，子どもは親に感謝したり，親が我が子を誇りに思うことは少なくなっています。そんな殺伐とした親子関係の家族が増えています。貧しくても親から愛情をいっぱいに受けて育った，子どもが少なくなっています。そのため，親が認知症などになっても，親に愛情や看護の必要性さえ感じない人がいます。親が死んでも葬儀をせず，親の年金を子どもが10年前後にわたって不正受給している子の例さえ生じています。

6　親と子の姿

　高齢の人が人生の最後のステージをどのように過ごすかは難しい

テーマです。1990年8月に北欧3ヵ国の老人福祉施設に日弁連の調査団の一員として私が出向いた時、新たな発見をしました。それは調査に出かける前は、ヨーロッパ諸国は成人したならば親子別々に生活をし、同居したりする人は未熟な人間だと見られがちと聞いており、親子関係も「ドライな」ものという観念がありました。しかし、実際は違っていました。老人ホームを幾つか見学などをしたところ、どのホームでも子どもと親がにこやかに話をする光景を見たからです。そして個室の老人ホームの中には、家族の写真や夫婦の輝いていた頃の写真が室内のあちこちに貼られていました。いうならば、高齢の人が家族の思い出を大切にしている光景がそこにありました。これに対し、日本の老人ホームの運営などの相談に乗ったり、運営に関与してみて、1年に1度も親の見舞いに来ない子、親の年金をあてにして生活しようという子がいて驚きの連続でした。日本の親子関係が一見すると濃密のように見えたのは、実は財産をめぐる関係が基本になっていたのではないか、あるいは社会の規制で親孝行を装わなくてはならなかったのではないかと悲観したことがあります。ただ、そのような日本の親子だけではない日本の子どもの姿を述べないと公平でないので紹介します。日本人は家族が親の介護をするとの観念が強くあります。在宅で介護ができなくなって老人ホームに介護をお願いしたことに罪悪感を持っている子どももいます。ゴメンネ、ゴメンネと母親に述べている娘がいます。そして毎日のように老人ホームに着替えを持ってきて、ホーム内外を車椅子に乗せて散歩している人がいます。その姿を見ると、親子の情愛の深さを改めて感じます。日本の親子も捨てたものではないと感じます。老人ホームに見舞いにも来ない子と、老人ホームに日参する娘を見る時、その違いはどこで生じたのかと考えざるを得ません。老後の良好な親子関係を形成するための特効薬はありません。時には親は日頃から子どもの「世話」になると述べておいた方がよいのではないかと思うときもあります。「スープの冷めない距離」に親子がいれ

ば，日常的にいろんなことで交流があり，お互いの様子もよくわかるかも知れません。ここで誤解のないように言えば，世話になるとは，同居とか経済的な扶養とか，介護を子どもに実際にしてもらうということではありません。そんなことをすれば子どもの人生にまで影響を与えかねません。私の「世話」とは親子の精神的な交流であり，「何かあった時に頼む」という家族の一員としてのお願いです。

7　親の思いと子の思い

　21世紀になってから，日本の高齢化率は25％を超え，4人に1人は高齢者と言われています。人口3万人から5万人規模の地方都市では高齢化率が30％を，農村地帯では50％を超えているところも出てきています。現在の85歳以上の高齢者は戦争体験と戦後の飢餓的貧困の状況を体験しています。そして親が必死になって自分たちを育ててくれたことを知っています。そのため親に仕送りしたり，親と同居したりするなどの形で扶養をしてきました。親が要介護状態や寝たきり老人になると，後々悔いを残したくないとの思いで親の介護にあたってきた世代です。いうならば親の介護をした最後の世代であり，子どもに介護をしてもらえない最初の世代です。現在の85歳以上の高齢者はまことに複雑な気持ちで日々生活しています。それゆえ子どもが親を介護したくないということであれば，自分と同じような労苦はさせたくないという，いわば物分かりのよい世代です。それでも親にすると子どもと一緒に，子どもに看取られながら自宅で最後を終わりたいと思っています。そんな，ある意味では心優しい世代の人々の気持ちが子どもたちに伝わっているかと言えば，否です。それは高齢の人は過去の辛いことを子どもに話しません。そのこともあって，子どもの中には「親の心子知らず」となっている人がいます。

　他方，70歳を過ぎたならば，心身の衰えを自覚する機会が増えます。病気や介護のために，どれだけのお金がかかるか，現在の国の

政策の概要を認識することです。「老後」の問題について夫婦・親子で話し合いをすることです。私は講演などでは子どもに老後を頼ってはいけないし、頼るべきではないが、子どもの世話になると述べた方がよいとしています。子どもに頼ってはいけないとは、経済的に頼ったり、同居などの形で子どもの生活を脅かしてはいけないという意味です。世話になるとは、病院の選択や手術、介護サービスの選択などや成年後見人の申立などで子の手助けを得ることを指します。それには日頃から子どもと様々なことについて話をしていれば、子どもは親の希望その他を知っているがゆえに子どもは最善の利益に近い選択をできるはずだからです。いずれにしても誰もが老い、要介護状態になります。家族のいる人、ひとり暮らしの人も老います。70歳を過ぎたならば、家族ともじっくりと「これから」のことを話をすることです。そのための生活設計をしっかりと立てることです。

8 人間の再生のために

日本人は戦前は「天皇のため」「国のため」として育てられました。戦後も子どもの時から大人まで自分でいろんなものごとを決定し、その結果に責任を持つという習慣ができていないところがあります。子どもの時は親が「お前のため」「学校のため」という形で育ちます。大人になると「会社のため」「地域社会のため」という形で自分の考えを持つことができずに定年を迎えます。そんな形で育ってきた人が定年後、自分の考えを持って生きるにはどうしたらよいかです。結論から先に述べるならば、今、社会で支配的と思われている考えを1度は疑ってみることです。マスコミでは、高齢の人は働かずに年金で暮らしているが、国は財政難で苦しいし、若者の生活も苦しいから年金の額を下げることに同意して、少しは遠慮して高齢者は生活したらどうかという「世代間の連帯」なる言葉を連発しています。

しかし、その若者の生活が現在どうなっているかを検証すること

です。今の若者の多くは大勢順応型です。自分の考えがあるようでないのが現状です。これを大別すると二極分化しています。1つは非正規労働者のように低賃金で働き，厚生年金などの社会保険に加入していない若者であり，他の若者はひたすら横並びの「分不相応」の生活をローンで追求している若者です。前者の非正規雇用の若者は，働いても働いても生活するのが「いっぱいいっぱい」の人です。年収250万円前後の人々です。派遣労働者の中には年収300万円前後の人がいますが，その人々の多くは工場の深夜労働であり，工場と寮の往復で潤いが少ない生活をしています。後者の若者は，親に寄生しながら自分の楽しみを享受している人か，結婚して年収600万円前後の人々です。この人々は車も自宅もローンです。はた目にはリッチなようにみえますが，預貯金がほとんどない生活をしています。つまり，給料・収入に見合った生活ではありません。お金が貯まってから車や家を買ったり，海外旅行に行くというのではなく，日々の生活がローンでの生活です。両者に共通なのは，自分の生活が中心で，社会の諸々の問題には関心がないことです。そんな若者たちの姿を見て高齢者に遠慮すように叫ぶ企業人・政治家は，若者の生活の何を見て世代間の連帯を叫んでいるのか問いたい気持ちになります。また，政治・経済の周辺をよく見てみると，必要もない道路工事，国会議員は年間2,000万円以上の報酬が得られる就活目的の若い政治家，マスコミは巨大企業の広告収入で利益をあげているため企業の代弁者となり，企業は政党に政治献金をして消費税を上げさせ，法人税を下げさせ，政治を動かしています。軍事産業の経営者や労働者の中には武器を海外へ輸出して大儲けをしたり，それだけでは足りずに実際に武器を使ってみたいとして海外派兵や集団的自衛権の名の下で国の予算を湯水のように使うことを考えている人がいます。これらの状況をみると，現在の高齢者が長年働いて支払ってきた税金や保険料を政権政党と官僚，そして一部の大企業が好き勝手に費消しています。高齢の人は，マスコミの誤った意見

に流されないようにするために,自分の考えをしっかりと持つことです。それには沢山の本を読み,映画や講演会などに出向く必要があります。しかし,本屋に行くとマスコミで活躍している無責任な政治評論家の本が山積みになっています。地道で真面目な本は大書店か神田神保町にでも行かなければありません。良く考えてみると,前記の無責任な政治評論家の発言は政権の代弁者であったり,近隣諸国との対立を徒に煽り,国を危うくすることを述べていることに気がつくはずです。そこで,高齢の人が人生を真剣に生き,自分の内面を形成したいと思うならば,岩波文庫などの古典の小説・哲学・西洋政治・思想史などを若者の時代に戻ってもう一度読み直すことです。積年の企業社会の「垢」を落とすことから始めることです。

9　高齢者の再生のために

ところで,長い間,日本人は家族を大切にする集団とみられていました。しかし,その家族が既に述べたように大きく変容し,各個人がどう生きていくかが問われる時代になってきています。親族と交流の全くない人がいたり,ひとり暮らしの人が増えてきています。マスコミでは家族間の扶養・介護・所得保障・年金などについての国の政策を批判していません。さりとて,日本の高齢者は家族の柵がなくなったから伸び伸び生きているかといえば否です。例えば,人生を楽しむという点で言えば,日本人と個人を大切にするヨーロッパの人々は違います。ヨーロッパを旅行した人ならば誰もが気がつくことがあると思います。それは,市役所や市場の前の広場で,男の高齢者が4,5人でグループを作って世間話をしています。少し様子を見ていると,健康や行政の悪口,友人・知人の評判など多様です。言うならばお話を楽しんでいます。そしてお互いの健康に感謝しながら,人生を楽しんでいる姿があります。男の人も結構おしゃれです。洋服や靴などのお店も男性用(例えばバリー)が豊富にあります。これに対し,日本の現在の高齢者は家に引きこもりがち

です。デパートの売り場の多くは女性用で、紳士服売り場は7階か8階の一部です。どうしてこんなに差ができたのでしょうか。会社人間には業界の話題はあっても、異業種や地域の人々との共通の話題を持っていません。狭い社会でしか生きてこなかった「ツケ」が回ってきたと言うべきです。いわば時間も精神も企業に捧げ、ゆとりなく働いて定年を迎えるため、前述したような5、6人集まっての仲間との世間話ができない人間になってしまったのかもしれません。趣味・芸術・文化を現役の時にエンジョイする場をあまり持てていません。そんなこんなの集積が、今日の日本の男性の高齢者の寂しい姿となって現れています。同じことは経済界のトップや政治家にも妥当します。現役の時に表面上輝いているように見えても、リタイアした後は業界の人は勿論、地域の人々からも相手にされません。いうならば政治的・経済的利害や打算がそれぞれの結びつきであるため、リタイアした後はその中核がなくなるため、寂しい思いをしている人がいます。人生の後半戦に、振り返ってみるとこれでよかったのかとの気持ちを持つ人が多いと言えます。これからでも遅くありません。自分を磨くことです。芸術・文化に関心を持ち、よき友達をだくさん作ることです。

第2節　現在の年金と預貯金で人生90年時代を生きられるか
―― 急速な高齢化と費用負担 ――

1　急速な高齢化

　日本社会は戦後初期までは人生50年でした。人生50年は、日本では戦国時代の織田信長の、桶狭間の合戦の謡の「人生50年」時から数百年と続いてきており、家族の生活様式、労働、定年、老後を含めてすべてが人生50年で成立していました。昭和38年に老人福祉法が制定されます。老人福祉法の制定理由は、「戦後における老人

の生活は,社会環境の著しい変動,私的扶養の減退等により不安定なものとなり,さらに老齢人口の増加の傾向と相まって,一般国民の老人問題への関心はとみに高まり,老人福祉のために対策の強化が強く要請されている現状である」としています(小川政亮『社会事業法制』第3版106頁,ミネルヴァ書房)。昭和38年の時点で政府が私的扶養の減退を認めていることに注目すべきです。昭和38年頃までは定年も50歳でした。しかし,2015年の今日,日本社会は人生80年時代から人生90年時代に突入しつつあります。わずかの間に人生50年,60年,70年,80年,90年と100メートル走と同じスピードで日本は駆け抜けてきたことになります。実際,1960年(昭和35年)の平均寿命が男63.66歳,女67.75歳が1997年には男76.38歳,女82.85歳に,2012年には男79.44歳,女85.90歳となっています。日本の政府は1980年代以降,社会保険料などの負担増と法人税の増税を嫌がる経済界の要請を重視した政策を立てています。そのため,日本は福祉施策を30年以上にわたって軽視し,高齢期に伴う年金や医療・介護などの国の公的施策が後手に回っているのが現状です。人生90年時代は人生80年時代と異なって,現在のような低額の年金と各種社会保険料の重い負担,そして自己負担の増大が続けば普通のサラリーマンは年金と預貯金では80歳以降,とりわけ85歳以降の出費増に対応できなくなり,生存すら困難になります。それゆえ人生90年時代を生き抜くために,国民は年金・介護・医療などの現在の公的施策の転換と充実を国に対して求めなければ,「動物としての生存」さえ維持できなくなると言わねばなりません。圧倒的多数の人は80歳を過ぎると病気を併発し,85歳を過ぎると要介護状態となります。90歳前後になると寝たきり老人に近くなります。高齢社会では介護の長期化と病気の併発を必然的に伴います。

2 いつからを高齢者というか

政府の統計などでは65歳以上の人を高齢者と扱っています。また,

老人医療費の関係では昭和57年の老人保健法以来,70歳以上を別扱いとし,最近までは75歳以上の「後期高齢者」を「特例」扱いしていました。しかし,高齢者の定義は別として,人生90年時代の今日,定年の60歳から74歳を前期高齢者と扱い,75歳以上84歳までを中期高齢者と扱うべきかと思っています。そして85歳以上の人を後期高齢者とすべきです。それは60歳でリタイアすると所得が少なくなり,個人の力だけでは経済的な自立が難しくなるからです。そして85歳以上の人を後期高齢者というのはこれまでの私の老人ホームなどの役員の経験や,知人の高齢者の動きを見ていると,85歳を過ぎると急速に心身が衰えるからです。実際,今日,有料老人ホームに入居する人の多くは85歳前後です。他方,いつから老後というかは人によって大きく異なります。人によっては80歳を過ぎても老後と思っていない人がいます。特に農業や物販などの自営の人は80歳になっても働いている人が多く,「老後」に備えて貯金している人もいます。聖路加病院の日野原重明さんは100歳を過ぎても現役の医師であり,社会的なテーマで活発に活動をしています。

3 老後の生活費

企業の退職前のセミナーなどで講演していると,いくらあったら定年後をそれなりに暮らせるかをよく聞かれます。その人の生活水準や生活スタイルがあったり,年金以外にも収入があるかないかでも定年後の毎月の生活にかかる費用は違います。また人生80年と考えるか,人生90年と考えるかによっても「老後の」資金事情は違います。ただ,敢えて言えば定年前に住宅ローンの支払いが終了していること,子どもの教育費(大学など)が終わっていること,退職金が支払われていること,退職金とほぼ同額の預貯金があること,そしてインフレがなく物価が安定していることです。これらの条件があれば年金にプラス預貯金で,ある程度の時期までの生活が営めます。ある程度とは,年金と預貯金の額とそれぞれの人の出費が80歳か

90歳かによって異なるからです。それは85歳以降、介護と病気の出費が急激に増すことと関係しています。定年後は毎月の出費を抑える人が多いのが通例です。例えば車を普通車から軽自動車にしたり、新聞は日経新聞から東京新聞のような安いものに代えたりしています。あったら便利という程度のものや生活上不要な出費は大幅にカットして節約を心がける人が増えます。それでも現行の年金水準と自己負担増の社会保障の現状では、85歳以降の出費増には事実上対応できない人が大幅に増えます。

4　退職金について

定年になると退職金が出ます。退職金は企業や勤続年数で異なります。一般的に言えばサラリーマンは1,500万円前後から3,000万円前後の退職金が出ます。退職金が出る頃になると急に親しげに接近してくる人がいます。そんな人は退職金の一部を貸して欲しいという遠くの親戚であったり、退職金を株や投資信託に預けないかという銀行や証券会社の人です。時々ハイリスク・ハイリターンの先物取引や、金や和牛牧場への投資の人もセールスに来ます。退職金は30年ないし40年働いた賃金の後払いです。もう2度と手に入れることのない大きな金額です。そんな貴重な退職金をあてにして借金の申込みや株の売買で接近してくる人にはろくな人はいません。たとえ子どもや兄妹であっても、今後の20年ないし30年の老後の生活を考えたならば、断固として借金などの申込みを断るべきです。そんなことで人間関係に仮に「ヒビ」が入ったとしても、それは無理を言う方に問題があります。同じように金銭や就職などの保証人の申込みも、子どもや親族であっても断固として断るべきです。退職した人に保証人になることを求める人は、社会的に見てよほど信用のない人です。大切なことは老後の安定した生活を維持することです（ちなみに、今日の企業では退職した、年金生活者を保証人の要件から外しています）。

5　高齢化と社会保障

　日本の社会で長い間，貧しい家庭では生産に貢献しない高齢者は「姥捨て」の扱いを受けていた時がありました（例えば深沢七郎の『楢山節考』のおりん）。そのような扱いは人生50年時代にあっては「余生」の65歳前後，人生70年の時は80歳を「天寿を全う」したとして扱っていた頃までありました。特養ホームや老人病院などではかつては画一的な介護や医療がされ，排泄などの世話も他人の見ている前でなされるのが常でした。早く寝たきり老人になれば「手間」がかからなくてよいというように家族や施設の人からも思われていた時がありました。このような人間の見方を180度転換したのは，障害者の人権であり，ノーマライゼーションの思想でした。人間は老若男女を問わず，障害や所得の有無・程度・種類を問わず，生きている限り人間であり，それ自体，尊厳を持った存在です。四季・食事・洋服・排泄なども他の人と同じく扱われるべきだとのノーマライゼーションの思想が介護の現場でも普及しました。老人ホームで95歳以上105歳前後の人の大半は女性です。しかし，今日の日本は女性の長寿を前提とした社会保障の体系にはなっていません。人生80年時代には夫の預貯金，遺族年金で何とか暮らせている人も，人生90年時代にはそうはいきません。年金の引下げ，各種社会保険料の増額と自己負担の1割ないし3割負担などの増加や病院や介護保険でのホテルコスト代の保険適用外（自己負担），そして2015年1月からの相続税の増額などを考えると，女性の老後は非常に厳しい現実があります。

　超高齢社会では親が95歳，子どもが65歳というケースも稀ではなくなっています。40歳の孫は，時には65歳の父母と95歳の祖父母の扶養や介護に気を遣わなければならない時があります。もっと言えば40歳の孫は自分の父母と配偶者の父母，そして父方・母方の祖父母の扶養や介護に気を掛けなければならない状況になっていま

す。働き盛りの40歳の孫にそのような重い負担を背負わせることは社会的にみても賢明ではありません。

　他方，95歳の認知症の父母を70歳の子どもが世話をすることもあります。父も子も収入がないとすれば，老々介護で出費増となります。場合によっては40歳の孫が父母と祖父母の介護に従事するとすれば，出費と負担を考えただけでも大変です。親子の関係を健全にするには扶養や介護という問題を子どもの問題（責任）とはせずに，公的責任と公的費用負担で国が全面的に要介護者の世話をする以外にはありません。家中が老親の介護のために犠牲になる政策は，働き手を減らすという意味でも賢明ではありません。男女を問わずに国民に働いてもらい，税金や社会保険料を支払ってもらって，それらの原資で国が介護などの責任を持つというのが北欧のスタイルです。同じ政策は日本でもとれるはずです。

6　誰もが老い，要介護状態になる

　人生90年時代には85歳以降の出費増に耐えられなくなると述べても，それを想像できない人が多いのが現実です。働き盛りの若い時は，自分が70歳，80歳の高齢者になったり，要介護状態や認知症になることは全く想像できません。同じように，現在60歳前後の人は，80歳，90歳になった時の自分の姿や出費増を想像できません。また，お金のある人の中には，年金なんて，あれは貧乏な人がもらうものであって，自分には関係ないと思っている人がいます。他方，老人ホームへ行ったことのある人ならば，90歳から100歳の人が大勢います。その中には元気な人，自ら歩行できない人，車椅子の人，寝たきりの人，車椅子などで黙ってテレビの画面を見ている人，天井を見上げて不動の人，何か訳のわからないことを発言している人がいます。これらの人々の中には，元大臣，高級官僚，経済界の重鎮と言われた人々もいます。若い人の中には，「寝たきり老人」になってまで生きることに意味があるかとの疑問を持つ人がいます。か

つて自民党の議員が高齢者に手厚い介護や治療をすることは,「枯れ木に水をやる」ようなものだと述べたことがありました。しかし,その人もいずれ枯れ木になります。人間の生命と医療は,人生50年から人生90年になったように,今後どんどん進化します。この急速な進化の過程を歴史的にとらえられない人々は,人間は90歳で終わりとか,これ以上の高齢化はないだろうとの甘い考えから抜けられません。また,寝たきり老人となり,認知症となり,自己の意見を表明できない人であっても介護や医学が進歩し,あるいは新薬などが開発されたならば再び元気で外出し,人と会話ができるようになるかも知れません。実際,これまでの人間の歴史は不治の病や国民病と言われる病気を克服してきた歴史です。

7 認知症の人々の悲劇

人生90年時代の実情をもう少し紹介します。在宅介護や施設介護が不十分なため,90歳の父母を65歳の子どもが介護する「老々介護」であったり,85歳と82歳の認知症同士の夫婦がそれぞれを介護する「認々介護」とも言うべき今日の状況は,憲法25条の公的責任から見て極めて問題です。老々介護にしても認々介護にしても,民法の扶養義務を形式的に当てはめ,自己責任を当然とする政策がもたらしたものです。そこには高齢社会における高齢者の医療や介護などの問題を従来の家族法の体系を越える深刻な問題があるとの認識が政府には十分にないと言わねばなりません。その点で悲劇的な事件を2つ紹介します。1つは認知症の妻が寝ている夫を殴打したり,刺し殺すという事件です。このような事件は日本社会で少なからずの在宅介護で発生しています。被害者の中には聖職者や元裁判官などであった人も含まれています。家族や親族を含めて,妻がそのような行動を起こす前に,何とかならなかったのかの意見が出ています。他の1つは,愛知県大府市の91歳の認知症の人が徘徊して列車に轢かれ,JR東海から家族が損害賠償を請求された事案です。この

ケースでは名古屋の地裁（平成25年8月）高裁（平成26年4月）も家族の監督責任を認めています。もし，このようなことが安易に認められると，家族や施設は認知症の人をベッドに縛り付けなければばらいことになります。福祉の思想から見て明らかに異常なことが民法の世界では責任があるとされています。これではかなわんというのが福祉関係者の共通認識です。

8 国の政策の貧しさと国民の生活防衛

ところで，日本は世界で最も生命保険などの保険の「好きな」国民とされています。生命保険，損害保険，火災保険，地震保険などがそれです。国民が保険に加入する動機は2つです。1つは病気などになって入院した時の自己負担の費用が高額であるために，それを少しでもカバーするためです。入院中の治療費，そして所得の補償などを私的保険でカバーするためです。もう1つは生命保険に入る動機は，残された家族の辛酸の道を考えてのことです。これらの私的保険加入の理由は，現在の国の公的責任と公的費用負担では，本人は勿論，家族の生命と暮らしを守れないためです。国民は国に頼ることなく自分の生活は自分で守らざるを得ません。実際，国は病気や障害・介護などの事故の時の公的保障の充実に熱心ではなく，民間の保険に委ねているか，公的保障を民間の保険の補助としか考えていないと思われる政策をとっています。現に介護保険の自己負担の増大に伴って，民間の介護に関する保険が売れています。しかし，バブル崩壊後，千代田生命，東邦生命，大和生命などのように，次々と民間の保険会社が倒産している現状を考えるならば，国民は改めて公的保険・保障の充実を求めるしかないのが実情です。

9 競争社会とサラリーマンの生活

日本人の多くは，子どもの時から一流大学，一流企業，そして老後の安定した生活を目指して個人の力でガンバラざるを得ない環境

にあります。確かに一流企業は中小企業と比べると賃金と退職金が高く，その後の年金・企業年金も高いため，老後のパスポートとしては大企業への就職は有効かも知れません。しかし，一流企業になればなるほど社内の競争は激しく，昇進の階段を上れる人は少ないのが現実です。今日では競争の激化で「うつ病」などの精神的な病気になる人もいます。他方，一流企業に入社しても，日債銀・長銀や拓銀，山一証券などの倒産に見るように，企業自体も競争社会の中で消滅しています。また，近時の大企業は合併につぐ合併です。太陽銀行と神戸銀行が三井銀行と合併して太陽神戸三井銀行となり，その後，さくら銀行となったかと思うと住友銀行と合併して三井住友銀行となり，太陽銀行と神戸銀行は社名さえなくなりました。同じようなことは生保・損保などの業界にも少なからずあります。資本主義社会にあっては，大企業の社員は勿論，トップといえども安定した身分を確保することはできません。大企業の社員といえども自己責任で現役の時や老後を生きるには多くの困難があるのが現実です。人生50年時代は終身雇用であり，定年後の生活や年金のことをあまり心配する必要がありませんでした。しかし，21世紀の今日の社会は実力主義・成果主義の時代であり，どんな人も身分は保障されていません。例えば都市銀行などは50歳前後で関連会社へ出向し，55歳前後で転籍している人がいます。また，65歳の定年でも55歳位で昇給がストップし，60歳以降は嘱託で，その後の5年間は1年更新になっている人がいます。50歳から55歳ぐらいの年齢は子どもの大学や結婚で出費が多いのは勿論，住宅ローンがあるため，それまでの預貯金などをほとんど「放出」してしまうことになります。そのため，定年後には退職金などを除くとほとんど預貯金を持っていないという大企業の人が多いのが現実です。

10　高齢者は資産を持っているか

　また，高齢者の置かれた状況をよく知らない，知っていても無視

する官僚や経済界の人々は，高齢者は資産を沢山持っているから社会保障の自己負担を増加させても大丈夫だとか，景気対策のために高齢者の預貯金を証券市場へ投資させるべきだと平然と主張しています。しかし，高齢者の置かれた経済的・社会的状況は人によって様々です。いろんな困難な人生の，ハードルをようやく乗り越えてアパートでひとり暮らしをしている人，病気などの連続で資産をなくして生活保護を受給している人もいます。田舎の自営の人は，年金と言っても4万円か5万円の国民年金だけという人もいます。それでも何とか暮らせるのは，地方の人は野菜などを畑で作って自給が可能だからです。他方，多少資産を持っている人は30年，40年と長期にわたって働いてきたから，若者よりも多くの資産を持っているのは当然です。高齢者は20年以上にわたって未成年の若者を扶養し，若い時から老後に備えて多額の税金と保険料を支払ってきています。高齢者は国や官僚の主張と異なって若者の世話や負担で老後を生きているのではありません。自分の力で働き，長年月の社会保険料の拠出で今日の生活を維持しています。まして今日の高齢者は健康保険料と介護保険料は死ぬまで支払っています。そもそも北欧などと比べて日本の高齢者が預貯金などの資産を多く持っているのは，国の社会保障政策があまりにも貧しく，老後の生活を国に頼ることができないからです。それゆえ，高齢者にとって資産は生命の次に大切です。高齢者は預貯金を持っているからとして国や経済界の言いなりになって生命の次に大切な預金を証券市場に投資して，財産を失っても誰も責任を取ってはくれません。自分の生活は自分で護るしかありません。これが日本の現状です。

11　人生90年時代と年金・預貯金

今日の超高齢社会は人生90年時代と言われています。しかし，定年後の30年の生活は，現在の年金・医療・介護などの支給と費用負担の状況を考えると個人の努力だけでは到底無理です。現在の年金

の金額と数千万円の預金で生活できる人は、人生80年時代のことです。85歳を過ぎる頃から急速に出費が増えて、預貯金が底をつきました。人生90年時代の出費を考えるに、毎月の生活費 病院代 冠婚葬祭などの交際費 病院などへのタクシー代 固定資産税 健康保険などの保険料 そして各種保険を利用した時の自己負担がかかります。病院代と介護の費用は85歳前後から急カーブで増えます。また、歩行が困難になってタクシー代もかかります。認知症になった時の 後見人の費用は、高齢者本人が支払うのが原則です。これの費用は決して安くありません。さらに民間の年金（生保など）の中には80歳になると支給額が減額になる保険があります。そのため80歳以降の減額分をカバーするために、その分の預金をさらにしておかねばなりません。以上の諸点からして、人生90年時代の高齢期を安心して過ごすには仮に5,000万円の預金があったとしても、その預金と年金だけで定年後30年の生活、とりわけ85歳以降の医療と介護の出費増に対応するのには事実上無理があります。

　ところで、人生90年時代とは平均寿命までは勿論、多くの人々が90歳頃までは生きられる時代になったということです。それゆえ、95歳、97歳、100歳の人々も毎年、少しずつ増えていくことになります。前述したように収入と支出の関係がアンバランスということは、預貯金を取り崩すか、家族の援助が必要になることを意味します。85歳ぐらいまでは何とか子どもたちの世話にならずに暮らしてきた人も、支出増に耐えきれず、子どもたちに頼らざるを得なくなります。しかし、85歳を過ぎた高齢者の子どもは55歳から65歳ぐらいの人々です。何かと出費の多い世代です。さりとて自分の生活が苦しいからといって親を見殺しにできない世代でもあります。90歳の父母が病気になったとき、子どもの立場から言えば病院で十分治療を受けさせたいと思うものです。だが費用負担を考えると躊躇せざるを得ません。子どもにすると90歳は十分に生き延びたからと自分に言い聞かせて、費用負担の安い特別養護老人ホームなどの「看取り介護」

をお願いすることになります。親が死亡して老人ホームを去るときの子どもの心境は複雑です。老人ホームには感謝するものの，病院で死なせてやりたかった，費用を惜しんだ自分を許せない気持ちが残ります。今日の国の高齢者施策は個人に，家族に多くの費用負担と苦悩を与えています。

12　危機の打開を高齢者の力で

2015年3月28日の『東京新聞』は，一面トップで「高齢者に非情の春」介護保険月5,000円超え，サービス縮小，年金減額として大きな見出しの下で

> 「社会保障制度の各分野で4月から制度改正を受けた措置がスタートし，国民の負担が増加する。特に介護分野は65歳以上の介護保険料が初めて1人当たり月5,000円を超える見込みで，様々なサービスも抑制される。高齢者の生活を支える公的年金では，給付削減が始まる。増え続ける社会保障費を抑制するのが目的だが，介護保険料アップ，サービス抑制，年金減額と高齢者にとってはトリプルパンチの春となる」

としています。人生90年時代の今日，現在のように次々と国民負担が増える社会保障改革がされるならば，年金と貯金だけでは到底，要介護状態の高齢者は生活できなくなります。私達は現状の政治や社会問題への国民の関心の低さと生活の不安を嘆く前に，知性と勇気をもって政策の転換を求めて行動すべきです。高齢者福祉の先進国とされる北欧の人々にできて，日本の高齢者にできないことはないと信じています。

高齢者自身が社会保障の改革を求めて立ち上がることを強調しているのは，貧しい国の政策のために犠牲になるのはゴメンだと，今，その政策の被害を受けつつある人が元気なうちに声を上げなくて，誰が支援するのか，ということがあるからです。他人に支援を求めるのであれば問題を抱えている人がまず立ち上がることです。高齢

者問題は再三述べているように思想・信条・職業・所得の有無・程度に関係なく，高齢者の多くが一致して行動できるテーマです。政府は高齢者の増加に伴って医療費・年金などの国庫負担をどうするのかの政策を持っていません。政府が行ったのは「税と社会保障の一体改革」と称して消費税を値上げし，社会保障の予算を大幅にカットしたことです。そこには福祉国家の理念もなければ国民の生存権を国が保障するという意気込みは感じられません。それでいて最近の政府には平和国家日本のイメージを大きく変更する自衛隊の海外派兵と軍事国家への道には異様なほどの熱意が感じられます。国家の存続の前に国民の生存が保障されなければ国は成立しません。国民の生命・身体の安全の保障が第一であって，地球の裏側の海外まで「出張」して武器の性能を試すような行動は紛争拡大になっても平和には全く貢献しません。このことはちょっとした想像力を働かせればわかることです。ところで，1960年代から1970年代に様々な活動をし，企業人間・仕事人間となって，かつての活動履歴を「封印」した60年安保・全共闘世代の人々に，退職後は仕事のしがらみ柵がなくなった以上，今こそ「封印」を解いて高齢者問題の解決に立ち上がることを求めたとしても，無理難題を要求するものではないはずです。この人々は，かつては社会連帯を求めて世の中の不正や貧困に青春をかけた人々でもあります。企業などの柵のなくなった高齢者は，社会で生起している様々な問題について積極的に発言し，行動することが自分の生存を確保する道です。そして，多くの人々が「ああ，いい人生だった」と思えることを体感できる社会にすることです。それが憲法12条の「国民の不断の努力」の意味です。

第2章　社会の歩みからみた国・企業の高齢者施策の転換の必要性
——私的扶養・所得の再分配・福祉国家——

第1節　私的扶養と公的扶養の諸問題
——結婚・離婚・介護にみる法制——

1　問題の所在

　社会保障の問題を考えるにあたって大切なこととして，私的扶養を重視するか，公的扶養（生活保護・年金・介護など）を軽視するかがあります。戦前の日本は国家が個人の貧困などに関与しない方針をとり，国民の生活の保障の問題は家族・親族が行うべきだとしていました。しかし，「貧民の親戚は概ね貧民なり」と古くから言われているように，家族などに生活保障の責任を負わせるのはあまりにも非現実的でした。家族が生活に窮すると，娘が身売りに出されたり，一家の無理心中などの事件が少なからずありました。また，戦前の結婚は貧しい家にあっては「食い扶持」を減らすためであったり，「嫁」をもらう家では労働力の確保と跡継ぎを得るところにありました。伊藤左千夫の「野菊の墓」の主人公は，「嫁」に行った先で病気になったため，実家に帰されて死亡した例が描かれています。また，「3年子なきは家を去れ」と言うように，子どもが生まれない「嫁」には厳しい社会の実情がありました。これらは家族による生活保障を重視する社会の1つの方向です。戦後の日本は憲法13条で個人の尊重を，憲法25条では国民の生存権を国が保障し，個人の生活保障を国家の責務としました。しかし，戦後改正された民法の親族・相続は憲法13条・25条の趣旨を必ずしも反映せず，

家族の扶養責任を強く認めています。また，社会保障立法も生活保護のように親族扶養優先の原則をとっています。いずれにしても，憲法13条と憲法25条に照らして，前記のような家族を重視する法の建前が抜本的に検討される必要があります。そこで日本の現在の家族法制がいかに私的扶養を重視しているかを，夫婦・親子間の扶養と介護の問題，離婚と扶養との関係などで検討します。

2 個人の尊重と国の条件整備の役割

戦後の結婚は憲法24条と民法の改正で男女の愛情を中心とする結婚となりました。夫婦が対等性を持つには相互の人格の尊重とともに，それぞれが経済的に独立するということが重要です。具体的には各人が仕事をし，自分の生活費は自分で稼いで，相手に経済的に依存しないということです。その意味で労働による生活できる賃金の確保は憲法13条の個人の尊重と憲法24条の「夫婦が同等の権利」を有するためには不可欠と言えます。他方，家庭を取り巻く諸条件が整備されなければ，結婚生活は長く続きません。労働時間が長時間・低賃金であれば，夕食を夫婦で一緒に取る団らんの時間を持てません。土・日も仕事があれば夫婦で一緒に休日に芝居や音楽会に行く時間も持てません。子どもを産んでも，育児休業の制度や保育所がなければ仕事を継続できません。子どもに高等教育を受けさせるには学費などが格安か，相当の賃金が支払われていなければできません。以上のように考えると，個人が尊重されるためには労働などは勿論，家庭の夫婦などを支えてそれぞれが自分らしく生きることができるシステムが必要です。国は家庭の「外側」にあって個人の生活や夫婦・親子の生活を支えるための諸条件の整備に努める義務があります。例えば労働基準法などで労働時間・最低賃金・休暇・育児時間・男女差別の解消などを法律で義務づけることです。また，児童福祉法で保育所を，学校教育法で義務教育の無償の範囲を拡大したりするなどの諸条件の整備が必要です。国は育児や介護問題で

家族の責任を強調するのであれば，家族を支えるための労働法・児童福祉法などの法的整備と支援が不可欠です。しかし，現在の法制度は育児休業をとっても解雇にならないというだけで，その間の給与は全く保障されません。これでは収入のない家族やひとり親家庭にあっては事実上育児休業をとれないことになります。

3　過渡期としての家族法

　夫婦の結婚・離婚，そして親子の扶養並びに相続や遺言などの問題は，一見すると家族や個人の内側の分野で国は関与すべきではないと思われがちです。しかし，戦前の家制度の下における夫婦・親子・親族間の扶養・離婚・離縁などは天皇制の支配構造と密接に関わっていたために，個人の意思は基本的に尊重されなかったことは周知のとおりです。だからこそ，戦後，明治憲法から現憲法へ変わった際には，戦前の民法の家族法はほぼ全面的に改正されました。しかし，今日の個人の尊重の考えからすれば，未だ不十分な民法改正でした。そのため，戦後も民法の家族の定めは再三にわたって改正（例えば離婚時の復氏問題，聴覚障害者の口授と公正証書遺言の問題）されたりしました。しかし，夫婦別姓，そして婚姻外の子の相続分の差別や女性の6ヵ月の婚姻期間など差別が残されています。夫婦別姓が国の審議会でいったん承認されても，国会議員から家族のあり方を変える，などの旧態依然たる意見が出されて，法改正されていません。国会議員の夫婦別姓の反対意見は，日本社会では江戸時代の終わりまで90％以上の庶民には名字・氏が許されていなかったことからすれば，根拠がないことは明らかです。

　他方，個人の生活の分野にも法が侵入してきています。例えば離婚の際の年金分割が認められたり，家の財産（治産）を護るための禁治産制度が個人の意思の尊重を中心とする成年後見制度に変わったり，夫婦・親子間の扶養に関しても国民皆年金・国民皆保険などの制度の普及に伴って大幅に事実上軽減されたり，生活の貧しい人

には養護老人ホームや特別養護老人ホームが創設されたり，介護保険法を制定して，国が家族の介護などの問題に深く関わりを持ってきています。戦前の恤救(じゅっきゅう)規則などで家族の責任とされていた扶養に関しても，戦後は生活保護法が制定され，子の育児などに関し，児童扶養手当などが制定されています。相続では配偶者の相続分が1／3から1／2になりました。年金などの社会保険は親族扶養に優先したり，専業主婦の国民年金の強制加入のように，家族法の分野に国が大きく関わってきています。他方，税金の問題も，配偶者控除や老年者控除，夫婦間の贈与について2,000万円まで無税としたり，親子間の住宅資金の贈与について一定額を無税とする扱いをしています。以上みたように，今日では家族の内側の分野に国が社会立法，特に社会保障・税の問題で深く関与しています。ただ，これらの改正などは必ずしも憲法13条・24条・25条と整合性を持って制定されていないのが現状です。

4　娘・嫁・義父母

日本社会で今でも個人が十分に尊重されていないのは，法律の定めだけではありません。家族の変容と介護の長期化のため，家族による扶養・介護などに大きな限界が生じているにもかかわらず，これが基本的に維持されています。家族に扶養などの責任を押しつける考えは極論すると封建思想である「君君たらずとも臣臣たらざる可からず」「親の恩は山よりも高く，海（谷）よりも深い」などと同じく，国が一方的に親に奉仕することを子どもたちに求めるに等しいものがあります。このような不合理な扶養関係の強要は，今日の親と娘，義父母と嫁の関係にも当てはまります。例えば，娘が親の介護をしたり，嫁が義父母の介護をするのは当然だという観念が企業や男の中にあり，そのことが，女性に介護の無償労働と40代，50代の最も輝く時の，女性の人生を奪ったり，充実した人生の実現を阻害しています。しかし，嫁と義父母の関係が如何に危うく，その

ような関係の強要が根拠のないものかは，民法728条では姻族関係は離婚によって終了するとし，さらに夫が死亡した後に妻の方は姻族関係を終了させることができるとしていることに照らしても明らかです。それなのに現状は夫も義父母も嫁が義父母の食事などの世話や介護をするのが当然という風潮があります。そして，どんなに嫁が義父母の介護をしても何の見返り（介護の給付金や相続権など）もありません。そんな関係にある姻族の嫁に，政治家や一部学者は一方的に無償労働と献身をいつまでも要求しています。このような扱いは近代の家族から見ると，あまりにも常軌を逸しています。戦後の家族の関係は家制度の解体で変わりつつありますが，親族の範囲を広範囲にし，生活保護などで親族に扶養義務を課しています。そのため，夫と妻，嫁と義父母の扶養などに関する意識は急速には変化していません。特に専業主婦が父母と同居している家族にあってはその感が強いと言えます。

5　認知症・寝たきりと介護問題

夫婦・親子の間の扶養に関して著しく妥当性を欠く問題として寝たきり老人の介護の問題があります。民法が制定された当時，高齢の人が5年も10年も寝たきりになって生存することは恐らく全く想定されていなかったと思われます。かつての介護は高齢の人が動けなくなったならば，数週間が数ヵ月で死亡していたのが実情でした。それゆえ家族も数週間か数ヵ月間，親の介護をして送り出したため，それほど負担にならなかったと言えます。しかし，1970年代から1980年代にかけ，寝たきり老人100万人といわれるようになった背景には，身体が動かなくなったならば家族の間でも施設でも，一律に「寝たきり」の扱いがされました。そして排泄なども1日3回とか4回と定期的であったり，清拭も十分にされなかったため，寝たきりの人の側にいくと異様な臭いがしていました。そんなこともあって，家族に迷惑を掛けるから，認知症や寝たきりになる前に死に

たいと考える高齢者が多かったのが実情です。実際,「ポックリ寺」が流行ったり,老人ホームなどへ出向くと「死にたい」を連発する人が少なからずいました。しかし,介護の技術が進歩してくると寝たきり老人は大幅に減少するようになりました。ただそうは言っても人間の身体は次第に衰えることは避けられません。認知症で徘徊していた人も,そのうちに寝たきり老人になります。今日の寝たきり老人の少なからずは認知症を伴っており,家族がどんなに努力をしても反応がないこともあって,辛い介護に耐えかねて介護殺人に走る人もいます。ひとり暮らしの老人や重度の認知症の寝たきり老人を親族が在宅で介護することは事実上困難です。そんなこともあり,認知症や寝たきり老人の存在は従前の民法の扶養の定めを越えるものがあるとされて,介護保険法が1998年12月にできました。しかし,社会保険は生活保護と異なって親族扶養に優先する仕組みであるにもかかわらず,低所得の人は介護保険の自己負担ができないため利用できず,家族が介護をせざるを得ません。ここにも私的扶養優先の考えがあります。

6 多発する虐待

ところで,最近の家族の関係で言えば,子どもの父母への家庭内暴力,夫婦の家庭内別居に始まって,夫の妻へのDV,親の幼児などへの虐待,子どもによる父母への虐待が増え出しており,この15年ほどの間,虐待防止法が次々と制定されています。精神の荒廃と家庭の崩壊とも言われる現象は,全国各地で多発しています。ここでは高齢者の虐待の問題を取り上げてみます。今日の日本社会では,認知症の人が約450万人,要介護状態の人が約550万人と言われています。政府や自治体は介護に要する費用負担を減らすため,自立・自助の名目で家族介護を当然視しています。しかし,介護期間の長期化に伴って,介護をする配偶者や子どもは長期の介護のため,疲れて常にイライラしています。介護は24時間・365日です。家族は

どこにも出かけることができません。そんな中で子どもによる認知症の父母への虐待が発生します。それも,「早く死ね」などの言葉に始まって,身体的暴力に至るまで多様です。暴力などを加える子どもの中には情報不足と貧困のため介護保険による介護サービスがあることさえ知らない人がいます。暴力を加えられる父母の中には,家で住みたい,家族と一緒にいたいとの願望を持っているため,第三者から虐待を市役所へ通報されてもそれを否定します。虐待は密室の中で行われています。それゆえ近所の人やヘルパーなどの第三者が虐待の通報をするということはよくよくのことです。(拙稿「深刻化する高齢者虐待を防ぐ」『ゆたかなくらし』2005年7月, No. 281)。

7 専業主婦法制の問題点

社会保険は国民が毎月保険料を拠出し,その保険料をもとにして各種の給付をすることによって成り立っています。この点で今日,社会問題になっているのが就労をしていない専業主婦を私的扶養と公的扶養との関係でどう考えたらよいかがあります。昭和34年の国民皆年金の時でも専業主婦は任意加入の扱いでした。しかし,高度経済成長の中で自営の人々は少なくなり,サラリーマン家庭では専業主婦が増えるに至りました。国は専業主婦に様々な「特典」を与えました。例えば専業主婦に配偶者控除を認めています。また,昭和60年の年金改正では任意加入であった専業主婦の国民年金の保険料を国が全額負担して強制加入にしました。特にこの点は,学生無年金障害者に「拠出なければ保険なし」として障害年金を支給しない政策をとっている国の対応と対比すると,著しく不合理です。働いている女性からは,何故私達が働いて納めた保険料で,俳句やPTA,登山などを楽しんでいる専業主婦に年金を支払うのかの疑問が出されています。国のねらいは2つあります。その1は,国はあたかも専業主婦に特典を与えるふりをして,男は外で働き,女は家

を守るという差別を固定化させ,基本賃金を低くし,残業を夫に強要したとしても,「女房子ども」を養うためにクレームが出ないようにするためです。

　もう1つのねらいは,配偶者控除は103万円と130万円の壁の問題とも関係しており,さらに,パート労働の賃金や最低賃金の額とも連動しており,女性労働を低賃金で使用したり,働く人々の賃金を全体として低く安定させるねらいがあることです。上記の2つの問題は,よく考えると働く人々の賃金を低賃金にし,長時間労働をさせることでは共通です。これらの利益は専業主婦の利益よりは国と大企業の利益がはるかに大きいと言えます。(全国婦人税理士連盟編『配偶者控除なんかいらない?』日本評論社)。

8　介護と住宅法制

　社会保障は衣食住を基本とし,それに今日では医と介護の問題が加わります。衣食住は生活保護の関係で言えば生活扶助と住宅扶助です。住宅は人間が生きていく上で不可欠です。しかし,日本では戦前・戦後を通じて住宅は個人の責任で建築し,借りるものであって国家は関与しないという建前を貫いてきました。また,昭和50年ごろまでは公営住宅でもひとり暮らしの高齢者は入居が許されていませんでした。最近でこそ,高齢者専門のバリアフリーの公営住宅ができてきていますが,全体としてみればバリアフリーの高齢者住宅は極めて少ないのが現状です。まして,バリアフリーの介護つきの公営住宅はほとんどないのが現状です。

　他方,阪神淡路大震災や東日本大震災では個人の住宅が大量に壊れたにもかかわらず。国は住宅は個人の問題であるとして,住宅資金の援助や二重ローンの解消に必ずしも熱心ではありませんでした。現在のところ,比較的料金の安いケア付きの公営住宅を探すと言えば社会福祉法人が運営する特別養護老人ホームがそれにあたります。しかし,特別養護老人ホームの待機者は介護保険実施後非常に多く,

順番待ちをしているのが現状です。そのため，これが介護の施設かと思わず絶句するような個人立の有料老人ホームや法外施設が全国各地で大量に作られています。

2015年2月18日の『東京新聞』はトップ記事で，高齢者向けマンションに入居する認知症患者20人をベッドに拘束するなどして虐待したとして，東京都北区が高齢者虐待防止法にもとづき介護サービス事業所を運営管理する医療法人社団に改善指導をした旨の記事が出ています。「区によると，虐待を受けた入居者は96人に上る可能性がある」としています。この施設は有料老人ホームでもなければ特養ホームでもありません。いうならば国の介護施設・住宅の不備の中で，前記のような高齢マンションが少なからず出てきています。『東京新聞』の記事では

「一般住宅扱い　行政の監視外

この高齢者向けマンションは，入居者が不動産業者と賃貸借契約を結び，介護サービス事業所のサービスを受ける。入居や介護のサービスを提供する有料老人とは形態が異なる。有料老人ホームは都道府県が指導監督できるが，今回はそうした届出はなく，行政の監視が及ばない制度のはざまにある。

マンションのホームページでは，老人ホームなどに入れない高齢者の受け皿として「新しいタイプの住まい」とPRしていた。このマンションについて，東京都福祉保健局の担当者は「一般の民家と同じ位置付け」と説明する。

2009年3月に群馬県渋川市の老人施設「たまゆら」で10人が死亡した火災を受け，都は同年5月に都内の老人施設を緊急点検。今回のマンション3棟のうち2棟について，有料老人ホームに該当しないと判断した。「住宅の提供者と介護などのサービス提供者が契約上，異なっている」というのが理由だ。

一方，有料老人ホームは老人福祉法で「老人を入居させ，入浴，排せつもしくは食事の介護，食事の提供」などを行う施設と規定。

有料老人ホームであれば設置者に改善を命令できるが,マンションには立ち入る権限さえない。

舛添要一知事は17日の定例記者会見で「法律の裏をかくような形で,こういうことが許されてはいけない」と指摘。「老人ホームと同じことをやっている。法のすき間を縫って出てくるような悪質なことに対し,厚生労働省を中心に全体に網をかけるような法整備が必要」と述べた」

としています。このような異常な事態が発生するのは,国が介護付住宅について公的責任を果たさないことに由来します。低所得の人や生活保護の人も利用できる特養ホームや養護老人ホームが大量にあれば,前記のような不祥事は防止できたはずです。ヨーロッパの先進国では住宅手当などを支給して,住宅の問題を人権として位置づけています。住宅の問題は日々の生活は勿論,要介護状態になったときにも関係して極めて大切です。

9　定年前後の扶養と離婚

定年後の夫婦は,現役の夫婦の時とは異なった生活スタイルが求めらます。それは,毎月の給与がなくなること,節約した生活という経済的事情に加えて,夫婦で自宅で過ごす時間が長いこと,2人の会話の時間が飛躍的に増えることです。一緒にいても会話がない,楽しくないとなれば,定年後365日,3度の食事をする人にとってみれば負担になるだけです。定年を契機としてこれまでの生活スタイルと今後の夫婦のあり方を2人でじっくりと協議する必要があります。このことの理解が十分にないまま定年後も漫然と生活をしていると,どちらか（その多くは女性）が不満を爆発させて,離婚という結論に達します。ある日突然,同居の妻から,「今日からあなたの家事その他は一切しません」と言われて,1階と2階で別居したり,離婚調停を申し立てられて困惑している夫がいます。そんな時,諦めることなくこれまでの夫婦のあり方を時間をかけて話をすること

です。そうかと言えば私の知っている,ある組合活動家で,現役の時に組合員のため,広く社会の人々のために懸命に活動していた人がいました。そのこともあって家にはあまり帰らず,帰っても夜遅い日々が続きました。家族にすると,本人がどんなに社会のために活動をしていても,家族のために役立つことがなければ,家族にとっては価値のない人となります。定年とともに離婚を奥さんから迫られ,退職金も失いました。本人にしてみると,俺の人生は何であったのかと考える日々であったようです。離婚を現実のものと受けとめられず,酒で誤魔化す日々となり,定年後3年ほどで死亡してしまいました。いずれにしても,高齢期の離婚には昔流の「子は鎹」という考えはほとんど役に立ちません。子どもは親と別の生活を営んでいることや,「お父さん,もうそろそろお母さんを自由にさせてあげたら」とか,「お父さん,長年家族を顧みなかったから,自業自得だよ」などと言われるのが関の山です。子どもは親が思っている以上に夫婦の生活を冷静に見つめています。

10 高齢期の離婚と扶養問題

家制度の下に従属させられ,就労の機会が少なかった戦前には,本人の意思で離婚することもままなりませんでした。女性が離婚して実家に戻ってきても,実家では娘を養育できる環境がなかったり,女性が働いて収入を得る環境がなかったことがありました。それゆえ,女性は「ひたすらガマン」が強要されていました。しかし近時,女性の働く場が増加していること,離婚に伴っての慰謝料や財産分与（財産分与には清算的要素に加えて,扶養的要素がある）の制度が国民の間に広く浸透してきたことなどもあって,女性の側からの離婚の申立が増加しています。その意味でかつて言われた,結婚は「永久就職」だとか,「社会保障」だという考えは消えつつあります。嫌いな人,暴力を振るう人,酒乱の人,不貞を働く人などと一緒にいること自体,個人の尊厳を冒すものです。この理は高齢の夫婦にも

妥当します。人生80年時代になって以降，熟年離婚ということが叫ばれ出しています。その要因は色々あります。例えば現役の時は仕事で忙しく，夫婦2人でじっくりと話をすることがなかったため，愛情を高め合うことと人格の向上を半ば諦めていた妻が，定年後も夫の態度が変わらないのに妻が業を煮やして離婚に踏みきることがそれです。さらに，女性の中には定年まで夫にガマンをしていたのは，退職金をあてにしていたとか，毎月の給料がなくなった以上，一緒にいる必要はなくなったというドライな人もいます。そうかといえば毎日，夫が家にいて，朝・昼・夜と顔を合わせたり，3度の食事を作るのが大変だという人もいます。日本の離婚がこじれる背景には，離婚後の生活の問題があります。専業主婦や男女の賃金差別，そして支払った保険料などの差による老後の年金の額などがあるため，財産分与をめぐって激しい対立が生じることになります。結婚・離婚は「玉の輿」「後妻業」なる用語があるように，男女の愛情だけでは考えられないのが今日の日本の実情です。女性の経済的自立・労働・年金などの充実が離婚問題に大きく影響しています。

高齢期の離婚の特徴としては前記の離婚の動機に加えて ① アルツハイマーなどの認知症になった時，② 重度の要介護状態になった時に，民法770条の裁判上の離婚原因の，「その他婚姻を継続しがたい重大な事由」に該当するかが問題となります。また，③ 子育てが終了した夫婦に亀裂が生じ，それが回復しがたいものになりつつあるのに，どちらか一方が気がつくことなく推移して，熟年離婚になる場合があります。さらに，④ 定年後の生活費の不足を補うために株の売買をやったり，投資信託や先物取引などをして大穴を開けて離婚になる人がいます。

11 年金分割について

高齢期の離婚が最近増加する背景の1つに年金分割の問題があります。これまで高齢の夫婦の離婚を難しくしていたのは，離婚後の

女性の経済的自立をめぐる問題がありました。男性の中にはしばしば「誰のおかげで飯が食えているのだ」との発言をする人がいました。離婚に伴って慰謝料や財産分与などが支払われますが，これらはある意味では一時金であり，離婚後の生活を生涯にわたって保障するものではありません。そんなこともあり，年金分割の必要がかねてからさけばれていました。今日の年金制度は，国民年金の額を分母とする基礎年金と報酬比例部分を分子とする2階建てになっています。夫婦の間の愛情が全くなくなっても，将来の生活の不安を考えると離婚をためらった人がいました。そんなこともあって家庭内離婚やDVなどを生んでいたと言えます。平成19年に施行された離婚時の年金分割の制度は，前述した分子の報酬比例部分を分割するものです。分母の基礎年金は分割の対象にはなりません。分割は原則として5対5の割合で分けます。これを具体的に述べると，15万円（報酬比例）／6.5万円（基礎年金）を1人の年金とすると，15万円を半分に分けて7.5万円ずつを夫と妻が分割することになります。妻の立場で言えば，6.5万円（基礎年金）＋7.5万円（報酬比例）＝14万円の年金をもらえることになります。仮にパートで6万円を稼ぐと月20万円の収入となります。前記の年金分割の手続をするには，年金事務所へ年金手帳を持参して年金情報を入手する必要があります。そして離婚の際に前述の分子の分割の割合を定め，それを年金事務所に届ける必要があります。協議離婚の場合は夫婦2人が年金事務所へ出向くか，委任状が必要です。裁判上の離婚ですと年金分割を記した調停調書なり，和解調書を年金事務所にどちらか一方が届け出れば足ります（冨永忠祐『離婚の年金分割』学陽書房）。

12　若干のまとめ

日本の家族に関する基本法は憲法24条です。憲法24条では配偶者の選択・財産権・相続・住所の選定・離婚・婚姻などについて定めています。しかし，よく読むと扶養という用語は憲法24条には出

てきません。敢えて言えば憲法24条の「家族に関するその他の事項」になるのかも知れません。しかし，実際の結婚生活では相続・離婚と並んで大きな意味を持っているのが夫婦・親子などの親族間の扶養です。極論すれば，相続も離婚も1回限りのことであるのに対し，扶養は日々の家庭生活に重大な影響を持つ事柄です。夫婦や親子の扶養義務について民法は少なからずの定めをし，離婚にあたっての財産分与は夫婦で築いた財産の清算と同時に今後の扶養が考慮されています。民法の扶養は，従来は同居・引き取り・金銭扶養が考えられており，今日，社会問題になっている長期の介護のことは，立法者は恐らく想定していなかったと思われます。また，私的扶養と公的扶養の関係について，戦後の民法の改正の時に真剣に立法者が検討をしたか疑わしいものがあります。憲法は24条の次に生存権保障を定めた25条の定めがありますから，結婚と生存権の関係について戦後の民法改正の時に十分な考察があれば，個人の尊重と公的扶養の関係について言及があったはずです。この点について研究者によれば，

「私的親族的扶養が法的義務とされたのは，公的扶助制度の必要とその負担軽減のためであった。このことについてはいくつかの研究があり，今日広く指摘されているところである。「為政者は，自己の過大な負担を免れるため，その負担の一部を一定範囲の近親に肩替わりさせ，近親者は誰よりも先きに生活不能者の扶養を引き受けるべきものだという意識を固めた上，これを回避しようとする者に対しては，国家の公権力をもって扶養を命ずる道を開いたものである」。そして親族的扶養の法的義務化は，さらにその義務の強化と拡張へと進んだのはいうまでもない。

そしてそれらの動きの中で，公的扶助は，親族の扶養に作用して，経済的給付としての性格を明確ならしめ，またその義務者の範囲と義務の内容を明確ならしめるように働く。親族間の道義や習俗による扶養は，監護や介護と一体となっていて，経済的量的に不

明確な状態であるのが通常であり，それで特に問題を生じないが，公的扶助が法制化され，それに対して親族扶養が優先すべきものとされるに至ると，親族扶養は経済的に定量的なものとされ，その内容および限界が明確にされる必要が生じてくるからである。また，公的扶助の法制化による親族扶養への重圧は，民法上の扶養義務を最大限に履行させるとともに，親族助けあいの道徳的義務までが強調され，しかもそれを公的扶助に優先させようとする動きとなって現れる。このことは欧米においてもわが国においてもみられた現象である。

　このようなことを考えるとき，私的扶養と公的扶助のそれぞれの内容を明確にし，またその両者の関係を適正なものにする作業が重要になる。そしてそのためには，両者の本質を掘り下げて把握することをしなければならない」

としています（深谷松男「私的扶養と公的扶助」，谷川知平ほか『現代家族法大系3』所収）。

　前記の検討・指摘にもかかわらず，私的扶養と公的扶養の関係はその後十分な発展的論議にはなっていないように見受けられます。その背景には憲法25条の法的性格（プログラム規定か法的拘束力を持つか）の論議が戦後70年経っても必ずしも十分な発展を憲法学者の間で遂げていないことがあると思われます。いずれにしても，憲法13条の個人の尊重を重視して考えれば，家族・親族の扶養を重視する現行の民法の定めは，大きく後退せざるを得ないはずです。このことは北欧諸国の社会福祉と家族との関係からも明らかのように思われます。例えば研究者は「日本では社会の最小単位として家族は未だ存在しているが，北欧では社会の最小単位は個人」となっていると指摘しています（ヤンソン柳沢由美子「個人・家族」，シリーズ『変貌する家族6「家族に侵入する社会」』所収，岩波書店）。ひとり暮らしの高齢者の増大は，家族を単位とするこれまでの国の各種政策の是正を根本的に迫っています。改めて言うと，家族による

扶養は道義的問題として捉えるべきであって，法的義務として家族に押しつけるべきではありません。この問題は憲法学者と民法学者，そして社会保障法の学者の間で今後さらに検討が深められるべき課題です。

第2節　人生90年時代の高齢者の生活保障

1　貧困は誰にでも生じる

　私は45年間の弁護士生活で，いろんな職業，いろんな地位の人々の人生を見てきました。その結論は，貧困の問題は誰にでも突然生じること，そして人生は最後までわからないということです。若い時に豊かでも晩年は変わり果てた人生の人もいました。それゆえ，人間の一生の中での，雨の日と晴れの日を想定してあらゆる政策を国がたてることが重要です。資本主義国家の経営者と労働者にあっては，江戸時代の大名と農民のように，身分が固定していません。今日の金持ちは明日の貧乏人ということも度々あります。私が関与してきた高齢者の中には，大企業のトップであったのに，突然の刑事事件に巻き込まれてすべてを失った人，多額の資産を高齢期までに保有しながら，80歳の時に子どもの事業の保証人になり，社会的地位と資産を失った人もいます。また，昨日まで羽振りのよかったのに，手形の不渡りで連鎖倒産して夜逃げした中小企業の経営者もいます。有料老人ホームに入居して，100歳まで生きたために預貯金がなくなり，特別養護老人ホームへ転居した人もいます。また，一見すると豊かに見える経済人であっても，ひとたび本人の周辺で病気・障害などの事故が発生すると，あっという間に転落する人々が大勢います。社会保障はそんな人々に，絶望しなくてもいいよ，貴方も十分に生きるに値する権利がある，と国が手を差し伸べる仕組みです。毎年3万人いるとされる自殺者のうち，1／3は高齢者

です。この人々に国の温かい手が届いていれば，違う人生があったかも知れません。超高齢社会にあっては，所得や障害の有無・程度に関わらず，生活保障の充実は，人間らしい生存権保障のための第一歩であり，喫緊の課題です。

2 人生は最後までわからない

ところで社会保障は障害・病気・労災・老齢などの事故に対応するために存在しています。今，お金のある人も，そして財界人のトップのような多額の資産のある人も，本人や家族が病気や障害などになった時にはお金は羽が生えたように消えていきます。とりわけ，90歳を過ぎて要介護状態になり，在宅介護をするとなると多額の出費がかかります。自分の家では障害者はいないからと思っていても，ある日突然，労災や交通事故などの事故で子や配偶者が障害者になる時があります。時には孫に障害のある子が生まれることもあります。障害はどこの家庭でも，いつでも，誰にでもおこります。このことは理屈の上ではわかっていても，自分や我が家は例外だと思っている人が圧倒的です。また，定年退職し，子どもも社会人になって安心だと思っていると，働いていた子どもがうつ病になったり，引きこもりになり，自宅に子どもを引き取らざるを得なくなることもあります。加齢になればなるほど多くの人々を襲うのが要介護状態の問題です。要介護は80歳よりは85歳，85歳よりは90歳になるほどその可能性が高くなります。しかも，要介護度が高くなればなるほど，家族による介護は困難となります。何度も述べますが，要介護状態はどんなに本人が気をつけていても，誰もがなり得る可能性が大です。労働者も，財界人も，貧しい人も，豊かな人も，要介護状態になります。長い人生の過程で平穏に人生を全うできる人は少ないと言えます。さらに言えば，私の経験で言うと，ある家庭に不幸が集中的に襲う時があります。子どもが不治の病になったり，逆縁で子どもが親より先に死亡したり，配偶者が交通事故で植物状

態になったり，家が火事で全焼したというケースがあります。他方，現役の時は「順風満帆」であったのに，退職後に想像を絶する不幸の連続に見舞われる人がいます。そのことは政治や経済界の元トップリーダーにも当てはまります。社会保障が「ゆりかごから墓場まで」と言われる所以は，人生は最後まで何が生じるかわからないことにもとづきます。

3　人生90年時代の現実とは

そこで，家族や高齢者が安心して生活していく上で，公的支援・保障の必要性について，人生90年時代との関係で述べます。1つは定年を仮に65歳としたとき，その後25年の生活設計を考えるとき，現在の20万円前後の年金と3,000万円前後の預貯金だけで生活するのは事実上不可能に近いことです。人生70年や80年の時代ならば，年金の不足分を預貯金などでカバーして，何とか5年か15年の老後の生活を維持できるかもしれません。しかし，人生90年になるとそうはいかない人が圧倒的です。特に現在のように，毎年のように死ぬまで健康保険料や介護保険料を徴収し，3割ないし1割の自己負担金を国が取るやり方では，85歳を過ぎる頃に預貯金が底をつくことは明らかです。その2は，日本は人生50年・60年・70年・80年・90年と駆け足できており，今後10年前後には人生95年時代がやってきて，とても現行の社会保障施策の金額や給付では生活できなくなります。このことはすべての高齢者に当てはまります。例えば，現在「豊か」と言われる人も人生95年時代となると安心して生活ができなくなります。例えば，預貯金が1億円前後ある人を仮に豊かな人と呼ぶとすれば，その人が75歳前後で一時金5,000万円の有料老人ホームに入居して，残金5,000万円で毎月30万円の老人ホームの管理費などを支払うとすれば，30万円×12ヵ月×20年＝7,200万円がかかります。つまり，5,000万円の手元金は95歳になる前になくなります。まして夫婦2人ならばさらに出費が増えます。

別言すると，金持ちであった人も95歳を過ぎると有料老人ホームから管理費などの不払いを理由に立ち退きを迫られます。しかも，前記の毎月の30万円の管理費以外にも，病院代・介護の実費・小遣いなどがかかります。そんなこともあり，多少の預貯金を持っている人も，不時の病気や出費に備えてそれを使わないようにしています。例えば，2014年12月1日の朝日新聞は，主な病気にかかる入院医療費の一覧を紹介しています。それによれば脳出血が213万1,498円，急性心筋梗塞が197万4,980円，脳梗塞が143万877円，胃がんが86万9,587円，乳がんが72万7,213円ほどかかるとしています。また，病院の食事代などはホテルコストと称して保険外，差額ベッド代，オムツ代等々が健康保険とは別にかかります。95歳まで安心して有料老人ホームで過ごすには，1億5,000万円前後が必要となります。夫婦2人ではさらに多くのお金が必要です。そんな大金を持っている人は現実には大企業のトップでもほとんどいないません。以上の理由から，人生90年時代を最後まで人間らしく生きるには，個人の努力だけでは到底不可能です。

4 社会保障の歴史と国の役割

そこで高齢者が安心して暮らすための所得保障を含む社会保障の役割について少し歴史的に考えてみます。ドイツのビスマルク時代の社会保険にしても，イギリスのベバリッジ報告にしても，アメリカのニューディール時代の社会保障にしても，資本主義社会などでは景気の変動などで個人の力ではどうにもならない貧困・失業・労災・老齢・障害・病気という現実があるため，これを少しでも国の責任で防止し，解決しようとするために生まれました。だからこそ，私的扶養に代わって「社会」による「保障」が必要となった歴史があります。これはすべての国民に最低限度の生活を保障するところにねらいがあります。第2次世界大戦後の先進国は，国民の生存権確保を最優先として歩む福祉国家の道を選択しました。

憲法25条の規定は，ワイマール憲法の反省とベバリッジ報告の経験をふまえて，生存権を国民の権利と定めています。国家は前述の国民の権利に対応する健康で文化的な最低限度の生活をすべての人々に保障するために，各種の施策を積極的に実施する義務があります。戦後の日本でも昭和25年に生活保護法を，昭和33年に国民健康保険法を，昭和34年に国民年金法をそれぞれ制定し，その後，昭和38年の老人福祉法の下で特別養護老人ホームを，さらに平成12年に介護保険を実施してきました。注目すべきは社会保障立法を制定する時，国が全額財政負担するか，それとも社会保険にして国民や事業主が保険料や利用者負担をするかは憲法上，特段の定めがないことです。イギリスの医療は国営で無料ですし，先進国では65歳以上の人からは社会保険料を取っていないところもあります。また，北欧諸国では介護は全額国庫負担です。それ故北欧では介護に従事するヘルパーの相当数は公務員の扱いを受けています。また，社会保険料についても日本のように労使折半が原則ではなく，事業主の負担が7割前後の国もあります。ちなみに労災保険は日本でも労働者の負担はありません。

5　社会保険と国の責任

社会保険は国民が毎月保険料を支払い，一定の事故（障害・老齢など）が発生した時，年金などのように現金給付をしたり，医療や介護のように現物支給がされる仕組みです。それゆえ公的扶助などに比べると権利性が強いとみられがちです。また，社会保険は民間の保険とは異なって，支払った保険料と給付が比例したり，対価性を持つことはありません。このことは健康保険と病気の治療費を考えればわかるはずです。しかし，社会保険は保険料を支払う人が少なく，給付を受ける利用者が増加すると，給付に困難をきたすことになります。そのため世界各国では税金を投入して，安定した運用に心がけています。この点が民間の私保険との違いです。その意味

で国庫負担を社会保険でどれだけ厚くするかは国による国民の生存権保障への真剣さが問われることになります。

　ところで，社会保険はある年齢や事業主，労働者の要件に当てはまる人は強制加入です。この点が民間の生保・損保の保険が任意加入である点と大きな違いがあります。例えば国民年金は20歳以上の年齢の人は全員強制加入です。いうならば所得の有無・程度に関係なく，一定の額を支払うことになります。介護保険は40歳以上の人は全員強制加入です。国保や健保は一定の事業主と労働者が強制加入です。そして保険料の支払いも強制です。とりわけ事業主は保険料の徴収義務があります。支払わなければ労働者らは差押えをされたり，家族が連帯責任を負う場合もあります。それゆえ，社会保険は強制加入と強制徴収を本質としています。国は社会保険について強制加入と強制徴収をしているのですから，国民に対しても年金や健康保険などの強制支払いの義務があると解さなければ，著しくバランスを失することになります。国が年金などを支払う段になったならば「ありません」とか「少しまけて下さい」という論理は，強制保険の本質からして通用するはずがありません。2010年ごろに2,500万件の「消えた年金」が社会問題になった背景には，社会保険庁の杜撰さだけでなく，強制加入と強制徴収をしている国の無責任さが厳しく社会から問われたことがあったと言うべきです。

　いずれにしても，社会保険は制度設計として，国民が一定の保険料をある期間，負担したならば，老齢・障害・病気などの事故が発生した時に国が憲法25条にもとづいて公的費用負担と公的責任を負うという，国と国民の広義の財産上の契約です。周知のように契約の憲法上の根拠は憲法29条の財産権の保障です。国民は国を信用して強制加入に賛成しました。今の日本政府は強制加入の契約を，財政難を口実に破ろうとしています。これは明らかに国の横紙破りのルール違反です。国は社会保険が憲法25条と憲法29条にもとづくことを重視して，当初の約定を護るべき任務があります。

6　所得格差の是正と平等の実現を

ところで，福祉国家の政策として大切なことは個人の尊重と平等の実現です。そのための福祉国家の経済政策として重要なのは，所得格差の是正です。この平等の理念の実現を見失うと，強い者が好き勝手をする弱肉強食の社会になり，貧困者の増大を招きます。戦後日本の政府は，前記の平等の理念を実現し，働く人々の生活向上のために所得格差を是正する政策をとってきました。昭和35年の池田内閣は，サラリーマンの所得倍増の政策を進めました。そして福祉国家として歴代内閣は国民皆年金・国民皆保険に尽力してきました。所得格差と社会保障の関係について憲法学者の樋口陽一教授は，

「特に社会保険制度の整備の場合，所得保障による国内需要の開拓という経済政策的関心，膨大な掛金の積立を財政資金として運用しようとする財政的関心，そして年金制度に組み入れられた参加者に対する人事管理手段としての関心，と言うような要素がはっきりと読み取れるのである。それはまさしく，個々の「福祉」施策がそれだけを取り出してその機能を論ずることができるような性質のものではなく，「福祉国家」という国家のあり方そのものの1つの現象としてとらえなければならない，という見地を持つことが必要であることを裏書きするものであった」（『近代憲法学にとっての論理と価値』日本評論社，145頁）

としています。そのうえで下記の国民所得倍増計画を注で引用されている。

「「国民所得倍増計画」（1960年11月1日，経済審議会）は，「経済成長と社会保障」（第二部第四章第一パラグラフ）というタイトルのもとで，社会保障の役割につき，「所得格差の拡大を防止」し「社会的緊張を緩和」することだけでなく，「有効需要の喚起，景気変動の調整，各種年金制度の発展にともなうぼう大な資金蓄積等の点から考えて社会保障の持つ経済効果は看過できない。なお，

今後この計画にともなって生ずる大幅な労働力の産業間移動，とりわけ農家人口の大規模な移動を促進し，農工間の所得不均衡を是正するうえにおいて社会保障の果たす構造改善的役割も忘れてはならない」（社会保障研究所編『戦後の社会保障・資料』至誠堂，1968年，316頁）。

前記の審議会の答申は1980年代以降，いつの間にかマスコミや格差社会を容認する自民党政権下で忘却されています。そして「税と社会保障の一体改革」と称して社会保障の国の負担を減らすことばかりが論議されています。政治家や官僚は初心に戻って憲法の平等の実現のために，格差の是正に取り組み，全ての人が老後を安心して暮らせるような制度にするよう最大限努力をすべきです。

7　社会保障の危機と格差社会

小泉・安倍政権は，社会法と言われる労働基準法などによる使用者・経営者に対する規制を積極的に緩和して，経営者が営利を追求しやすい環境を作り出しています。率直に言えば，金持ちをより金持ちに，貧しい人はさらに貧しくという政策が格差社会の本質です。格差政策の結果，非正規労働者，特に派遣労働者は低賃金で長時間，働かされ，それでいて景気が悪くなると簡単に「派遣切り」をされる，極めて弱い立場にあります。派遣業者の中には社会保険の事業主負担分を支払うと「利益」が出ないとして社会保険に加入せず，労働者に国民年金と国民健康保険の加入を勧める業者もいます。また，派遣労働者の中には安い賃金から社会保険料などが控除されると生活できないとして，社会保険に加入しない人がいます。派遣労働者と派遣業者の利害が一致して企業の社会保険に加入しないということがあります。それでいて労働者の中には国民年金や国民健康保険にも加入していないために病気の時に保険を利用できなかったり，老後の年金を事実上期待できない人がいます。

また，派遣労働者の多くは若者です。とりわけ九州・東北・北海

道のような産業基盤のしっかりしていない地域の若者は,関東・中京・関西の工場労働者,そりわけ自動車産業の労働者として働いています。派遣労働者は原則として昇給昇格の賃金体系にはなっていません。以上のような格差社会と少子・高齢化社会の日本にあって,各種の社会保険の保険料を支払う若者はさらに少なくなっているのが現実です。格差社会の進行の下で貧しい人々が増加しているため,国民年金や国保の保険料を支払わない人が増えており,社会保険の存立の基盤そのものを危うくしています。ある時期は国民年金の対象者の1／4ぐらいの人が,保険料が未払いだったと報じられたことがありました。その背景には年金パンク論とか,高齢社会危機論などがマスコミなどで流されたため,どうせ将来もらえないのであれば年金の保険料なんかを支払う必要がないと考える人がいたのも事実です。格差社会は社会保障にとってはその存在の基盤を危うくする大きな危機です。格差社会を放置して税と社会保障の一体改革なるものを押し進めてみても,結果は見えていると考えるべきです。

8　政策転換の契機としての2025年問題

　前述したような社会の風潮の中で,国の社会保障の抜本改革が今,考えられています。2025年になると,団塊の世代が全員75歳以上になります。福祉の世界の人々はこれを2025年問題と呼んでいます。この人々の増加は,日本の年金・医療・介護などの費用負担と施設などの費用が増加して大変だというのが問題の根源です。とりわけ高齢者が増加すると国民健康保険に加入する人が増え,医療費が急カーブで増加して国保は赤字となります。そして国の財政負担が大変だから,高齢者はいろんなことで「ガマン」をするよう求められています。これでは長生きは迷惑だと国に言われているのと同じです。そんな非人間的な問題の取り上げ方を国に許してよいかが今,団塊の世代に問われています。私は1960年代から1970年代の住民運動の高揚期に青春期を過ごし,教育・社会保障・労働などの社会

権などの裁判にこの45年間,関与してきました。あのとき活発に活動していた団塊の世代の人々に対して,40年後の今日,今一度世直しのために「立ち上がれ」と叫びたい衝動に駆られています。少し過去を振り返ると,戦後の日本人は戦後初期には失対事業を,高度経済成長期には「ポストの数ほど保育所」「15の春を泣かせるな」として高校全入を,国民皆年金の趣旨を実現するため無拠出の福祉年金,健康保険を5割負担から3割負担に,そして老人医療費の無料化や高額療養費などの成果を勝ち獲ってきた歴史があります。今,私達に必要なことは,明治期の自由民権運動,大正デモクラシー,戦後の民主化運動,1960年代から1970年代にかけての四大公害訴訟にみられる住民意識の高揚期の意義を再確認し,戦後の民主主義に自信と確信を持つことです。希望を持つことです。大した努力もしていないのに,安易に閉塞感を主張しないことです。まず老後の国の政策がどうなっているか,貧しい人々が生きるためにはどんな施策が必要かの学習会を持つことです。そして社会保障の敵である軍事大国化の道を歩むために国の予算を使うことに異議の申し立てをすることです。これが今,団塊の世代の人々に期待されています。団塊の世代の人々は,日本社会の貧しい時・発展期・停滞期などを一通り体験しています。そして人間としての連帯感を発揮した時を持っています。例えば,1960年代には慶應義塾大学の学生が学費値上げ反対闘争の口火を切ったことがあります。一般に,当時も慶應義塾大学は裕福な家庭の子女が入学している学校とみなされていましたが,その大学で後輩の入学金などが値上げされると,貧しい家の子が入学できなくなる,教育の機会均等に反するとして学生が立ち上がったのです。この闘いは全国の学生運動に飛び火しました。全共闘時代の始まりです。この人々の闘いは戦前・戦後の政治・経済のあり方を根底から問うものでした。この運動に参加した人々は,戦後の民主主義の意味と,戦前の古い体質を体験している人々であり,自分でも整理できない社会の矛盾を大学のバリケード封鎖など

で表現していたと見ることができます。団塊の世代の人々は，企業に就職後，生活を重視し仕事人間となり，社会問題に関与することを40年以上も「封印」したままです。今，社会では全共闘崩れの人や，全共闘後にアメリカ留学をした学者の，知性と教養に欠ける市場万能論や格差社会論などの言動をする人が増えています。これらの人の言動は貧しい人は能力がないからであり，自己責任だとするところにあります。そして政治家・官僚そして有識者と称する人々が，戦後の日本が大切にしてきた武器三原則や専守防衛を平然と破って，大手を振ってマスコミなどで憲法無視の乱暴な発言をしています。私の友人・知人の中には「日本はもうダメかも知れない」と嘆いている人がいます。そこで今，3,200万人の高齢者，2025年にかけてさらに増加する団塊の世代の人々がこの40年の「封印」を解いて今一度社会の人々のため，立ち上がれば，社会は大きく変わるはずです。黙っていれば国民生活はどんどん圧迫され，政権を握っている人の好き勝手を許すことになります（鎌田慧 小森陽一「反撃 民意は社会を変える」かもがわ出版）。日々の生活の平和も大切ですが，戦争や紛争で生命を奪われる事態には黙っているわけにはいきません。

第3節　国・企業の政策転換の必要性
―― 福祉国家と財政問題 ――

1　戦前の救護の法

　明治7年の恤救規則，昭和4年の救護法は，基本的に「隣保相扶をもって救済の原則」とし，「被救護者の地位について何等の保障的規定を設け」ませんでした。それでも国が救護法にみるように貧困者の救済に乗り出さざるを得なくなったことは，貧しい人々が多く，労働の再生産や治安上も放置できなかったということでもあります。また，殖産興業を重視する政府は労働者が職場環境の悪化のために

次々と倒れると，工場の再稼働・再生産に影響することを恐れて明治38年に鉱業法，明治44年に女子や児童の12時間労働・深夜労働などを禁止する工場法，大正11年に業務上疾病に関して健康保険法，昭和6年に官営工場や大企業の労働者の労働者災害扶助法などを制定しました。これらの社会法の実際の施行は適用範囲，扶助の内容，給付の水準が極めて低いものばかりでなく，中小企業などの労働者は除外されていました。それでも戦前に前述した労働者保護法とも言うべき法律ができたことの意味は，極めて大きいと言えます。これは天皇制の下での議会であっても，国民の代表が参加した帝国議会があったこと，大正デモクラシーの下で労働団体などの運動と要求が政府を大きく動かしたからこそ不十分ながらも社会的弱者を護る前述の法律ができたと言えます。

2 国と経済界の動向

戦後日本の政府が高齢者問題に本格的に取り組むようになったのは昭和48年の田中内閣の70歳以上の老人医療費の無料化政策をとった福祉元年以降と言えます。しかし，昭和48年秋の第1次オイルショックが生じ，景気が後退すると，日本の経済界は，福祉を充実させると企業の負担が増大することと，従業員が真面目に働かなくなることを恐れて，ブレーキをかけるに至ります。1980年代の文教と福祉の予算を大幅に削った土光会長の下の臨調・行革と三次にわたる答申がそれです。老人医療費の急騰を理由にして国は老人医療の無料化を廃止し，昭和57年に老人保健法を制定して70歳以上の医療費を有料とし，その後75歳以上の「特例」の廃止などをしようとしています。

他方，高齢化の進行とともに年金受給者が増大すると，国は年金の支給開始年齢を60歳から65歳としました。これらの政策の背景にあるのは，国の主張によれば財政難です。しかし，国は財政難と言いながら防衛関係の予算は大幅に増加したり，産業界を支援する

政策をとっています。例えば国は経済界からの法人税の減税や保険料の事業主負担の増加の回避の要求を満たすために懸命です。それでいて経済界は高級品（例えばピアノ・宝石・自動車など）の物品税の復活は全く主張していません。あまりにも自分本位の人々が日本の企業のトップの姿です。企業のトップには何故か数年後には自分も退職し，10年後には要介護状態になるとの想像力がありません。

3　日本の経済力と税の問題

そこで，日本の今日の経済力からして先進国並みの社会保障が実現できることについて少子・高齢化と法人税をめぐる問題から考えてみます。

まず，少子・高齢化になると，現役の働く世代が減少し，高齢者が増大することになり，社会保険の拠出と給付の関係を考えただけでもアンバランスだという意見があります。確かに少子化は，例えばこれまで10人の若者が2人の高齢者を養っていたのに，4人の若者が6人の高齢者を養うことになるものであり，若者の負担が重くなり，一見説得力があるように思えます。しかし，社会保障の所得の再分配とは，個人の支払う所得税などだけでなく，法人の支払う各種の税も含まれます。そこで企業の業績が少子化で統計上も落ちて，税の支払いが困難になったことが裏付けられた主張かについて検討します。結論を先に述べると，統計の実態は違います。第1に，工業・建設業の工業統計総括表によれば，1970年は従業員11,680（千人）で製造品の出荷額は690,348（億円）であるのに対し，2010年は従業員8,087（千人）で製造品の出荷額は2,908,029（億円）です。また，サービス産業・商業・企業の法人数・資本金額及び営業収入金額は1970年が法人数900,499，資本金額12,267（十億円），営業収入金額で209,599であるのに対し，2010年は法人数2,586,882，資本金額141,625（十億円），営業収入金額1,353,126（十億円）となっています。次に，1法人あたりの営業収入金額は1970年が23,276（万

円）であるのに対し，2010年は52,307（万円）になっています（以上は『数字でみる日本の100年　改訂第6版』矢野恒太記念会）。第3に，GDPについて言えば，1980年が242.8兆円であるのに対し，2012年は475.6兆円となっています。第4に，国民所得は1980年が196.7兆円であるのに対し，2011年は346.5兆円となっています（『統計でみる日本　2014　一般財団法人日本統計協会』）。以上のように，日本の経済はこの45年，35年でも労働力の人口減にもかかわらず順調に成長しています。企業の機械化，ロボット化などを抜きにして働く若者だけの人数だけで企業の業績や世代間云々を主張するのは，根本的に誤っています。国が経済の成長に見合った税金を，法人からしっかりと支払ってもらっていれば，個人が所得税を支払うよりはその規模からしてはるかに多額の税を徴収することができます。

4　法人税値下げと物品税の復活

次に，法人税と社会保障の関係です。今，私の手元に高岡幸雄氏の『税金を支払わない巨大企業』（文藝春秋社）という本があります。著者である高岡氏は，通産省や政府税調の委員などをされて中央大学の教授をされた方です。この本によると日本の法人税は，国税の法人税と地方税の法人住民税と法人事業税を合わせて東京都では40.69％，その後，38.01％，35.64％になっているとのことです。これでも高いとして経済界のトップはイギリス並みの20％台の法人税の減税の要求をしています。法人税は消費税とは異なって，売上げなどの収入から諸経費などを控除した利益に対してかけられます。それゆえ企業が赤字があれば法人税はかからない仕組みです。そこで日本の巨大企業は前記の40％や38％の法人税を実際に支払っているかと言えば，そうではありません。例えば高岡氏の計算によれば，三井住友フィナンシャルグループは，税引き前の純利益が1,479億8,500万円あるのに，実際に支払った法人税は300万円，これは0.002％，ソフトバンクは788億8,500万円の税引き前利益があるのに，

実際に支払った法人税は 500 万円，0.006％ということになります。以下，みずほ・三菱 UFJ フィナンシャルグループなどについて報告されています。同氏の検討した結果によれば，法人税を 40％，35％など支払っている巨大企業はほとんどないことになります。経済界の人々は高齢化社会になって年金・医療・介護などに多額のお金がかかることになり，国の財政支出が増加するようになれば「鉄砲の弾」が企業に飛んでくることになることを恐れています。具体的に言えば法人税の値上げや，企業市民として応分の社会貢献をすることを国民から主張されて企業が各種の負担をしたり，社会保障の使用者負担分を 5 割ではなく，ヨーロッパ並みの 6 割，7 割，場合によっては労災保険のように全額にするように主張されたり，特に，かつて高級品（自動車・ピアノなど）は約 30％前後の物品税がかかっていましたので，その復活を恐れています。自動車メーカーなどは物品税の復活で販売が減少するのを恐れています。しかし，物品税の基本は生活に不可欠ではない，言わば「贅沢品」に課税するものです。政府は税と社会保障の一体改革を言うならば，法人税の各種特例を廃止し，消費税は福祉目的税とし，高級品には物品税を復活させるべきです。

　また，日本の経営者の中には日本の税が高いから，国内の拠点を海外へ移すと半ば脅しに近いことを述べている人がいます。実際，日本の製造業は中国・タイ・ベトナムなどに，海外に拠点を設けて生産活動をしています。海外での活動は人件費も安いうえに税金も安いのが実情です。海外での税務調査は国内に比べて調査力が落ちるため申告漏れも多く，国内企業の 2 倍はあるとされています。そんな企業のトップに限って愛国心をさかんに強調しています。企業のトップはいろんな抜け道（優遇税制）を維持し，消費税を上げたら法人税をその分下げろと主張していますが，これは健全な社会人の論理ではありません。

5　企業の社会貢献とは

　トヨタ自動車は2014年5月に同年3月期の決算を発表しました。営業利益が2兆2,921億円，純利益も1兆8,231億円となり，リーマンショック後の落ち込みを回復したとされています。2014年5月，同社の社長は都内の決算会見で

　　「2009年6月に社長になってから，国内で一度も税金を払っていない。やはり企業というのは税金を払うことで社会貢献をやっていくというのが企業の存続の一番の使命だと思っている。そういう意味で納税ができる会社としてスタートラインに立ったことを素直にうれしく思っている」

と述べています。これはトヨタ自動車がリーマンショックを受けて2008年度から12年度まで5年間，法人税を払っていなかったことを受けての発言です（トヨタ自動車は2015年5月も好業績です）。企業は社会から様々な恩恵を受けて存在しています。水・鉄・土地など自然界は勿論，地域社会の人々の有形・無形の協力があって企業は成り立っています。また，輸出のため物資の輸送の港には国民が納税した税金で，国や自治体が作った道路が利用されています。さらに，工場などの排水やゴミなどは下水道などの公共施設を利用しています。これらも住民が支払った税金から成り立っています。以上のように考えると，企業は社会から様々な恩恵で成り立っているものであり，儲けたならば税金を支払って社会貢献をするのは当然です。それなのに企業が法人税を安くして，なるべく支払わないようにしようとするのは理解が困難です。

6　大企業の経営者の功罪

　私は，企業は人間が社会生活を営む上で，有益なものを次々と生み出すという意味で必要不可欠な存在であると確信しています。大企業の取り組みがなければ海外の石油・天然ガスなどのエネルギー

も国民は享受できません。また，公正な自由競争は欠陥商品や不良品を製造販売したならば，「市場」から排除されるという意味でも必要であるし，よい品を安く顧客に提供する意味でも自由な競争は必要です。そんな企業であっても舵取りを間違えると，倒産したり従業員が失業することがあります。また，企業が労働環境の整備に努めなかったり，炭鉱のように保安を軽視すると，大規模な労災が発生します。1963年11月の三井三池の灰燼爆発がそれです。この事故で458人が死亡，839人が一酸化炭素中毒となりました。その意味で，私企業の活動も，今日の社会にあっては労働基準法・労働安全衛生法・労働者災害保険法などの各種の社会法の制約を受けています。つまり，企業は消費者に安全な商品を提供したり，従業員の雇用や生命身体の安全を護ったり，独占禁止法の下で公正な競争が求められています。

ところで，昔から「企業は人なり」と言われています。企業のトップが強欲であったり，コンプライアンスルールや法令を護らなかったりすれば最終的に困るのは従業員であり，エンドユーザーである国民です。かつて私は20年近くの間，社会奉仕や職業奉仕を任務とするロータリークラブの会員でした。ロータリークラブには一業種1人の割合で，企業などのトップなどが加入しています。1週間に1回，1時間ほど例会に集席して卓話などを開いたりして情報交換をしています。ロータリアンの中には立派な人が少なからずいましたが，中には野心家や，企業のトップというだけで加入していて，奉仕の心を持っていない人もいました。いろんな企業のトップを沢山みてきましたが，オーナー企業のトップや企業自体が1つのポリシーを持っている企業の経営者は立派な人が多かったと言えます。しかし，サラリーマン重役の中には首をかしげたくなるロータリアンが少なからずいたのも事実です。バブル時に「経済一流，政治は三流」と述べていた人が，三流の政治にお願いして公的資金や損切りをしてもらったりしています。また，公的資金を注入してもらっ

たゼネコンは，借入金などを支払わないため，受注で有利な地位を得ていました。真面目にやっていた大手のゼネコンのトップは，これは明らかに不公平だと不快感を述べていたほどです。このような企業経営者は，どこの世界にでもいるかも知れませんが，品位を疑われるトップがいたり，刑事事件などを起こす経営者がいることはまことに残念なことです（森功『平成経済事件の怪物たち』文藝春秋）。

7 超高齢化社会と企業の活動

これまでの日本の官僚や経営者は社会保険料の負担や法人税の問題，そして社員の労務管理のうえから高齢社会について否定的に考えてきました。しかし，よく考えると高齢社会の下で社会保障が充実することは企業にとってもプラスになることが沢山あります。このことを幾つか例示してみます。

まず第1は，ベテラン社員の介護などでの退職の減少です。現役の50歳前後の社員の父母は80歳前後であり，この父母が就労している社員が勤務先などと家族が離れていると，介護のために社員は休職したり，職を辞める人が出てきます。50歳前後の人は企業にとっては部課長クラス，役員一歩手前の人材です。そんな人が突然，親の介護で職を離れることは，企業にとっても大きな痛手のはずです（ちなみに介護のために市長を辞めた人もいます）。まして，今日のように少子高齢化社会になると，35歳前後の社員が70歳前後の父母を，そして90歳前後の祖父母の介護関与することもあります。そんなことを諸々考えると，在宅介護や施設介護の充実は，働き盛りに職を辞める人を大幅に減少させるはずです。

第2は，年金や生活保護の金額を現行の金額よりせめて3割程度アップするならば，消費を刺激し，物販店・デパートなどの景気の向上につながります。高齢者は年金などがアップすれば，最低限度の生活から少しは脱却でき，消費に回すことができるようになりま

す。それには2つの条件を付加する必要があります。1つは医療費の自己負担を少なくすること（例えば75歳以上の人は最大でも1割負担とするとか、高額医療費の限度額を低くするなど）と介護サービスの自己負担分を75歳以上の人には減免することです。折角、年金などがアップしても、医療費や介護保険などでその分を国に吸収されてしまっては何にもなりません。

　第3は、高齢化社会は新しい産業を沢山生み出すことです。例えば紙オムツ、障害者の車、電動の車椅子、ベッド周りのセンサー、食糧の宅配サービスなどがそれです。また、高齢化社会の進展は、家の中のトイレ、階段などの工事に始まって、街の中をバリアフリーにするためにエレベーター、エスカレーター、車椅子用の歩道の拡幅、信号機の変更などの公共工事を生み出します。さらに、ボケ防止の医薬品などの開発、デイサービスの仕事もあります。

　第4に、高齢者は毎日が日曜日ですので、ホテル・旅館などの観光業者はシーズンオフを高齢者で補うことができます。実際、熱海や箱根湯本の温泉場は、多数の高齢の人が平日でも利用しています。

　第5に、特別養護老人ホーム・デイサービスなどの市場の拡大によって雇用の創出を全国各地で作り出しています。ヘルパーらの雇用は勿論、施設へ食材などを納入する業者・シーツなどのクリーニング店などもそうです。

　いずれにしても、高齢社会は新しい産業や雇用を生み、あらゆる業種にその影響は及びます。高齢者の人数が少ない時は、前記のような商品は商売になりませんでしたが、3,200万人の高齢者がいれば、マーケットとしては北欧3ヵ国にも匹敵するほど十分な人口であるはずです（自治体問題研究所編『社会保障の経済効果は公共事業より大きい』自治体研究社）。産業界や国の官僚らは、これまでのように高齢化社会危機論とか財政負担の増大というマイナス志向で考えるのではなく、新たな市場の開発という視点で今一度、高齢化社会のあり方を考えることです。

8 多様な人々の参加による政策づくりを

ところで,国民主権と民主主義の関係と意味は3つあります。1つは,国と個人の運命は国民が参加した形(選挙)で決めること,2つは,国民が支払った税金の使い途は納税者自身が決めること,第3は,国家は国民の思想信条・生存権を保障する義務があることの3つです。特に第2の税金の問題はイギリスからのアメリカの1776年の独立の際に,「代表なければ課税なし」と言われたほど重要です。日本では,前記第2の納税者の権利が著しく軽視され,一部の議員と「有識者」らによって密室で協議・決定がされています。これを是正するには多様な人々が参加したオープンの討議の場が必要です。社会保障は,「ゆりかごから墓場まで」「乳幼児から高齢者まで」すべての人が健康で文化的な最低限度の生活が営めるように多様な人々が参加して策定されてこそ価値を持ちます。それは誰もが事故に遭う可能性があって貧困に陥ること,人生は最後までわからないことと関係しています。それゆえ,社会保障制度の立案にあたっては社会保障を最も必要とする多様な人々が参加することが重要です。貧困者団体,高齢者団体,そして重度の障害で就労できない人や,75歳以上の事実上働くことが困難な高齢者も政策作りに参加して年金・介護などを決定すべきです。国は新しく制度を作ったり,従来の制度のあり方を大きく方針転換(例えば,年金の切り下げ,老人医療の有料化,医療と介護の食事代などのホテルコストの徴収,介護保険の1割から2割負担への変更など)をするのであれば,当該社会保障立法の給付で最も利害関係を有する人々やその団体が半分近く参加する仕組みを作って協議決定をするべきです。各種の負担が高齢者に可能かどうか,支払えるとして高齢者の生活はどうなるかが検証されるべきです。当事者の参加を抜きにしたこれまでの官僚主導の密室に近い改革は,利用者本位ではなく,国本位・財政本位の国民への押しつけでしかありません。

他方，前記の方針転換で重要な役割を果たすのは，「中立な」有識者の存在です。社会福祉などの現場の人・財政学者・労働法や社会保障の研究者・弁護士会・医師会の人々の参加です。特に，社会保障や社会政策に関わる研究者・学者の使命は，貧困・人権・財政・税・統計などの総合的な研究者であることに加えて，国民のために有益な提言ができる人であることが求められます。しかるに，今日の研究者の少なからずは，幼児・母子・障害者・高齢者などとタテ割りで専門分化しています。また，学者の中には貧困や財政の問題に詳しくなかったり，人口統計・産業統計などの知識が十分でなかったり，税の問題——例えば配偶者控除・老年者控除・年金受給者の課税——について詳しくない人々がいます。研究者ならばイギリスのベバリッジ報告のような本格的な政策文書を作るぐらいの研究の実績をあげたうえで，あれこれの発言を国に対してして欲しいと思います。

第3章　人権の歴史からみた高齢者の生存権保障
　　　——自由・平等・博愛・生存権——

第1節　高齢者の生存権の保障の意義と課題
　　　——尊厳のある生活のために——

1　生存権の重要性

　フランス革命の中心人物の1人であるロベスピエールは，1792年12月2日に国民公会で

　　「社会の第1の目的は何か。それは人間の不滅の諸権利を維持することである。その諸権利のうちで第1位にあるものは何か。生存する権利である。それゆえ社会の第1の法は社会のすべてのメンバーに生存の手段を保障する法であり，その他すべての法はこれに従属する。人間に必要な食料品は生命それ自身と同様に神聖である。およそ生命の保存にとって不可欠なものは社会全体の所有であり，それ以上の超過部分だけが個人的所有である」

とし，その後1793年の憲法で

　　「公的扶助は神聖な義務である。社会は不幸な市民たちに対して，仕事を得させることにより，または仕事をし得ない状態にある人々は，生存の手段を保障することによって彼らの生活を保障する義務を負う」

と定めています（遅塚忠躬『フランス革命』岩波ジュニア新書，124頁）。

　生存する権利がフランス革命時にロベスピエールらによって既に提唱されていたことは，平等を重視する，貧富の差の解消を考えていたジャコバン派の考えからすればある意味で当然です。この平等

の考えはロシア革命へと発展し、その後ワイマール憲法151条となり、さらに日本国憲法25条になったものです。前記の歴史過程を考察するとき、生存権は理念的なものから現実的な権利になったとみるべきです。自由と平等の理念は人間の生存があってこそ意味を持つものです。それゆえ福祉国家の最優先事項は生存権保障です。戦後の日本は貧困のために病気になったり、人間性を喪失するようなことがあってはならないとして、社会保障をことのほか重視しています。戦後初期に後述するように生活困窮者に向けての各種要綱・法ができたのは前記の理由によります。国民の側は生存権立法の実現や給付の改善について多様なルートを使って運動をする必要があります。その役割は歴史的に見れば貧しい人や労働組合が担ってきました。

2　社会法と生存権の関係

近代国家では、市民の間の契約関係などを規律する民法や財産権を保障する刑法が制定されるのが常です。民法などの法を法律家は市民法といいます。市民法を資本主義社会に当てはめると、大企業がいつの間にか市場の価格を支配するようになったり、小作人は大地主の不当な地代の言い分を飲まないと耕作をさせてもらえなかったり、店子（借家人）は大家の家賃の値上げを認めなければ住む家さえなくなり、労働者は資本家の低賃金・長時間労働に従わなければ雇ってもらえないという現象が生じます。また、義務教育が有償で教科書も有料ならば、貧しい家の子どもは学校へ通学できません。これらの市民法の不平等を是正し、フランス革命の平等の意味を実質的にすべての市民に保障する法律として社会法が生まれました。社会法は戦前の日本では借地法や借家法などに見られるものの、極めて不十分でした。第2次世界大戦が終了すると、アメリカ占領軍は自由と平等を国民のものにするために、大地主の、特に不在地主の所有権を制限して小作人に農地を売却することを求める農地改革

を断行しました。また,三井・三菱・住友などの財閥を解体し,公正な競争を促す独占禁止法などの法律を作りました。さらに,労働者の生命・身体などを保護するために労働基準法や労働安全衛生法・労災保険法などを作りました。そのうえで戦前に禁止されていた労働組合を法律で認め,労働者に労働三権を憲法上保障しました。これらの法律は地主や資本家などの社会的強者の権利(所有権)を大幅に制約し,社会的弱者の生命と生存を護るために必要な法律です。

戦後の諸々の改革は,国民の自由と生存を確保し,実質的な平等を国民に実現するためになされたと言っても過言ではありません。

3 福祉国家とは

福祉国家とは,国民の生存権を子どもから高齢者に至る人生の最後まで重視し,生存権立法(年金・医療など)を国の責任で保障する国家のことです。文字通りゆりかごから墓場までの人間の生存を保障する国家のことです。国民の生存や福祉と軍事や産業育成が対立するとき,国民の生存権保障を優先する国が福祉国家です。また,福祉国家の社会保障は所得の再分配と社会連帯を基本にして実現されます。所得の再分配は累進課税の税制にもとづいて,高額の税金を支払った人の税を所得の低い人の生活保護などのために再分配して,平等を実現するところにあります。社会保障は大別すると全額税金で給付をなす公的扶助(生活保護)と社会保険の2つから成り立ちます。社会保険が国家と国民の間で成立する根拠は,国民の間に老齢・障害・病気などの生存を危うくする事故が発生した時に,国が責任を持って対応するところにあります。国によって国民の生存が守られないのであれば,国民は賃金の中から毎月保険料を長年月にわたって支払うことをしません。国に保険料を支払う代わりに同額を貯金して,自らの事故に備えた方が安全・確実です。その意味で社会保険は国家と国民の広義の契約です。以上のように,福祉国家では社会保険のシステムで国民の年金・医療・介護などの生存

を保障し、社会保険に様々な事情で加入できない人に対して公的扶助（生活保護）で対応することを原則としています。福祉国家は国民の生存権を優先させるため、平和国家の政策と結びついています。

　私が25年ほど前に、北欧に日弁連の老人福祉施設の調査団の一員として出向いた時、北欧では預貯金を保有している高齢者が少ないのに驚いたことがあります。それは若い時に十分に働いて税金などを納めるならば、障害・老齢・病気・介護などの事故が発生した時には国が全面的に個人の生活全般の面倒をみるとの国と国民の約束があるからです。言うならば税金を支払うことが老後の貯金と同じ意味を持ち、国民の生活を国が最後まで守るとの考えがあります。北欧では年金者組合や生協、そして住宅などの様々なグループがあって、その人々がいろんな形で高齢者の生活を支えています。北欧でも財政上の事情から福祉施策を変更して、自己負担を増加させようとする動きがありますが、種々論議のうえ福祉が優先する政策となっています。それほど国の政策決定に高齢者が大きな発言力を持っています。北欧でできることは日本でもできるはずです（竹崎孜『スウェーデンはどう老後の安心を生みだしたか』あけび書房、早稲田大学社会科学研究所北欧部会編『北欧デモクラーシ』早稲田大学出版会）。

4　自由権と社会権の異同

　そこで憲法25条の人間らしく生きることとの関係で、自由権（思想・良心の自由など）と社会権（社会保障・教育・労働など）の異同を述べます。憲法学者の宮沢俊義教授は、『憲法講話』（岩波新書）の中で「人間は何よりも生きることを求める。しかも人間らしく生きることを求める。宗教の自由や表現の自由はもとより、身体の自由すら人間らしく生きた上での話である。明日のめしを期待できない人間にとってはそれらの自由は何の価値もない。自由権は生存権に裏打ちされなくてはならない。そのために国家は、消極的に自由

への侵害をさしひかえるだけでなく，さらに積極的に各市民に人間らしい生活を保障することをその任務としなくてはならない」「人間らしい生活とは自由な生活でなくてはならない。人間はまず動物としての生命を維持しなくてはならないが，ただ生命を維持するだけでは人間らしい生活とはいえない」としています。憲法25条が「最低限度の生活の保障」ではなく「健康で文化的な最低限度の生活」を「営む権利」を保障したのは，人間らしい生活をすべての人々に保障し，各人が自由に人間らしく生きることを可能にするためです。健康で文化的な最低限度の生活とは，すべての国民が教育を受ける権利を保障され，思索を深めるために本を読み，芸術・文化の意味を考えたり，鑑賞しながら自分の内面形成をし，医療などについてお金のことを心配せずに暮らすことを指します。生存権は思想・良心の自由などの自由権が保障されてこ大きな価値と意味を持ちます。生活保護を受けているから，特定の宗教や政治活動をしてはならないと法令で定めることは絶対に許されません。これが人間らしい生活の意味です。そんな人間らしい生活をするためにまずもって教育を受ける権利と所得の保障が必要です。戦後に6・3制の学校教育と生活保護法が制定されました。そして憲法28条で労働基本権が保障されました。自由権と社会権は国家の関与を排除するか，国家の財政上の関与を不可欠とするかでは違いがありますが，既に述べたように人間の生存があって自由があり，両者は密接不可分な関係にあります。

5　権利は国民が勝ち獲るもの

ところで，憲法25条の健康で文化的な最低限度の生活を営む権利の実現は，歴史的に見ると国民の側から各種の生存権立法の要求と運動があって生まれてきた経過があります。昭和30年代の朝日訴訟（生活保護の裁判）は「権利としての社会保障」をスローガンに全国的な規模で闘われました。その結果，生活保護の水準は格段に前進

したばかりか，生活保護を受けることは恥ではなく，国民の権利であるとの意識の変化をもたらしました。1970年代には住民運動の中から生まれた革新自治体が65歳以上の高齢者の医療費の無料化を実現し，昭和48年には国も70歳以上の老人医療費の無料化を実現しました。他方，1970年代には堀木訴訟などの障害者や高齢者の年金裁判が多数提起されて，年金水準の向上に寄与しました。労働組合も低額の年金を打破するために，1973年，1974年などの国民春闘で年金の改善を掲げ，時には「年金スト」などを実施するなどして，老齢福祉年金などの年金額の大幅アップと物価スライド制，そして高額療養費の制度を勝ち獲りました。さらに，昭和56年以降の国連障害者の10年の運動は，「完全参加と平等」をスローガンにして，官民一体となって取組みがされました。その結果，官公庁・駅・デパートなどの公共機関にエレベーターやエスカレーター，スロープ，車椅子の利用などのバリアフリー化が実現しました。以上のように，社会福祉や社会保障の権利の形成過程は，国に対して積極的な財政支出を求めて，国民が運動してこそ実現した権利です。国民の権利意識が弱いと，社会権は充実した権利とはなりません。その意味で社会保障上の権利は国民が要求して勝ち獲る権利です。このことの意味をしっかりと国民は認識する必要があります。今の若い研究者らは生存権立法の形成過程と歴史性を理解せず，現在の法と制度の解釈に終始する傾向があります。これでは国民の生存権保障を勝ち獲ることはおろか，今日の社会保障の改善の方向について何らの役割を果たし得ないものとなります。

6　社会権の実現の2つのルート

　社会保障の実現過程は大別すると立法過程と司法過程に分けることができます。前者の立法過程の実現は，国民の権利意識が強く，その要求が社会福祉制度の構築の必要までになっていくと，国家がそれを法制化して，慈恵ではなく権利として保障することになりま

す。これはさらに2つに分けることができます。その1は、障害者団体や患者団体などの要求を国会が受けとめて立法化するものと、その2は労働団体などがストライキなどを背景にして政府との直接交渉で立法や政省令の改廃を勝ち獲るものがあります。前者の例としては障害者の雇用促進に関する再三の改正や、透析患者などを内部障害者と認めて更生医療の形で医療費を無料化したことがそれです。後者の例は、前述したように73春闘、74春闘での春闘共闘委員会と政府の直接交渉での福祉年金を始めとする社会保障問題の解決がそれです。

　他方、社会権の実現の立法過程以外のもう1つのルートには、司法過程による実現の道があります（伊藤正己『憲法』350頁、弘文堂）。法令は大多数の人々の要求を容れる形で制定されるため、時には特定の地位の人を除外したり、生活困難な人を忘却していることがあります。つまり、法律自体は一般的な人を想定して作られるため、法の適用の過程で法律をそのまま当てはめると不合理が生じたり、憲法13条, 14条, 25条に違反するケースが出てくる場合があります。そんな時、福祉に従事する人は弁護士とよく協議して、改善に努めることです。これまで藤木訴訟・堀木訴訟などの裁判は、法の適用過程で特定の地位の人に不利益を及ぼしたケースです。このとき、ケースワーカーや福祉団体の人々が弁護士と相談をして審査請求や再審査請求をし、そして裁判に持ち込みました。その意味で日頃から福祉の関係者は法律家と「顔の見える関係」を作るとよいと思います。朝日訴訟で低水準の生活保護の水準が飛躍的に向上したり、牧野訴訟の1審判決で老齢福祉年金の夫婦受給制限が撤廃になったり、堀木訴訟の1審判決で障害福祉年金と児童扶養手当の併給が認められたり、学生無年金障害者訴訟の1審判決で新たな法律ができたり、各種の薬害訴訟で新たな法律や制度ができたりしたのがそれです。権利は勝ち獲るものだと言うことを前記の闘いの歴史は改めて教えています（拙著『社会保障・社会福祉の権利をいかに獲得す

るか』創風社)。人権擁護の専門職である弁護士は，社会保障の研究者の協力を得て，国民の生活を圧迫する法律の改善や不合理な法の適用の改廃に関して司法過程を通じての生存権実現にことのほか敏感であるべきです。

7 資本主義の危機と社会保障

ところで，最近の政府の社会保障についての消極性について若干述べておくべきことがあります。歴史的事実に照らせば，社会保障や福祉の制度は資本主義の危機に対応し，これを修正し，権力の保持と国民の生存要求の闘いの中で制度化された経過があります。とりわけ1917年のロシア革命は皇帝や地主，そして資本家を打倒し，平等を基本とする労働者と農民を主体とする社会主義革命であったため，資本主義国家では社会主義革命を回避し，権力の維持のため労働者や貧困者の生存のための諸々の施策を実施する必要があったと言えます。それゆえ，ソ連を中心とする社会主義国家が存在する時は資本主義国家でも労働者・貧困者の生存権の確保にそれなりに熱心でした。この理は日本にも当てはまります。高度経済成長が続いた1970年代には労働者や社会的弱者の要求もあって，各種社会保障立法が少なからず制定され，政府は昭和48年を「福祉元年」と宣言したほどです。しかし，1989年のベルリンの壁の崩壊，1990年代のソ連圏の解体は，一部の経済学者と政治家から「市場原理主義」の勝利であると喧伝されました。社会主義国家という対立軸を失った資本主義国家，とりわけアメリカと日本は福祉と平等を重要視しないか，軽視するようになり，100年前の20世紀初頭の弱肉強食の社会に戻りつつあると言えます。しかし，自由と平等を重視する国民は，権力の中枢で社会主義志向の人が実権を握っているか，資本主義の人が実権を握っているかに関係なく，福祉を重視します。ヨーロッパの先進国がそれです。日本でも憲法13条，14条の個人の尊厳と平等，そして憲法25条の生存権を重視する必要があることは

言うまでもありません。そのことを憲法99条で公務員・国会議員などの憲法尊重擁護義務として定めています。

8　社会福祉の現場の人々の人権意識

　社会福祉に従事する人は総じて真面目です。社会福祉法人の職員は，営利を目的としないだけに優しい人が多いのが実情です。そして人間を所得などで差別することなく，人間を限りなく愛する気持ちを持っている人が多いのが実態です。老人ホームの職員などは，目の前に困っている「お年寄り」がいれば，献身的に働きます。そして高齢者が死ぬ瞬間まで付き添い・看取り介護をし，最後は葬儀に立会います。高齢者福祉の現場はやりがいがある仕事です。一生懸命やれば，寝たきりだった人が歩けるようになります。しかし，老人ホームの利用者は，病院の患者と違って，元気になって退院するということはほとんどありません。老人ホームでの退院・退所とは，死亡か重度化して病院へ入院することです。多くの場合，老人ホームの職員の努力にもかかわらず，100歳前後の利用者は老衰などで死亡します。人によってはお茶を飲んで「ああ，おいしい」と述べて急に亡くなる場合があります。そんな場面を日々，老人ホームの職員が体験することは非常に辛いものがあります。

　他方，社会福祉，特に高齢者福祉の職員は法令遵守（コンプライアンス）や規範意識の点では，多くの問題があります。真面目で一生懸命であるだけに，労働時間・残業・休暇など労働法と関係なく働くことを当然とする空気が職場に充満しています。そのため職員の中には身も心もボロボロになる人がいます。特に交代勤務の老人ホームでは，日勤・夜勤の連続のため，職員は少し先を見たり，考える時間を持てなくなっています。憲法28条の労働基本権は福祉の現場でこそ必要です。また，社会福祉の現場の人々の中には新聞を読まない人がいたり，世の中の動きに敏感でない人が多々います。今日の政治・経済の，財政を偏重する国の誤った政策のために介護

報酬の単価が引き下げられたり，利用者の負担が増加しているのに関心を示さない人がいます。端的に言うと，福祉の現場の人は，政治の動きと介護の現場の関係を十分に考えることなく，国が改訂したからと言って「素直」に受け入れて，それを利用者に転化しています。これでは現場の人々は国の政策の伝達者です。

そこで，社会福祉の現場の人々がどうして諦めがよいというか，不当な政策を受容するかです。それは職員の養成の段階で人権と権利意識が十分に教育されていないこと，補助金などの金で社会福祉の現場が成り立っているため，「お上」に弱い体質があるからです。そのため，人権とは国家からの自由，個人の尊厳とすべての人の生存を最後まで保障するものであるとされても「ピン」とこない職員がいます。

9　今日の国の政策をどう見るか

国民の権利擁護と権利侵害の関係で言えば，現在の社会保険の保険料や自己負担の際限のない増加は憲法25条の趣旨・目的に照らして大きな問題があります。国は健康保険料や介護保険料を高齢の人が死ぬまで徴収しており，さらに自己負担の限度についても法定の上限がなく，2015年4月からはあれこれの理由をつけて増額しています。さらに，病院や老人ホームの食事代や部屋代を，ホテルコストと称して次々保険の対象外として本人負担を増加させています。これは一度法律上の権利となった憲法25条の権利を，国の都合で国民から合理的理由もなく次々と奪うものであり，この点で憲法25条違反の恐れがあります。さらに国が次々と個人負担を強化する法令を作ることは，収入のない高齢者からあれこれの名目で費用を徴収し，健康で文化的な生活を営む権利そのものを国が侵害しています。これでは社会保険制度そのものが高齢者の財産権を侵害し，最終的には生きる権利さえ否認しかねない状況になっています。高齢者の権利擁護が弁護士の任務であるとすれば，際限ない保険料の値上げ，

自己負担の増加は高齢者の生存権に対する国による侵害であるとして，この不条理を是正することです。高齢者の生存を保障すべき社会保険が事実上高齢者の生存を否定しつつあります。国の裁量だ，財政上の理由だという理屈を国民の生存権保障の重要性と対比してみたとき，到底合理的な理由があるとは考えづらいと言うべきです。国の誤った政策を是正するための1つの方法として裁判を考えてみるべきです。ただ，社会保障裁判の多くは法令の違憲性を追求する憲法裁判です。憲法裁判を提起して法令の改正などを勝ち獲るには，裁判の意義を多くの国民に訴える必要があります。弁護士は時には原告となる人々と国会議員との橋渡しをして，法令改正や新しい法律の制定を裁判などを通じて迫るべき任務があります。

10 権利のための闘争

　最近の高齢者は物分かりがよいのか，国の政策や法の適用の過ちを糾す人が少なくなりました。私が弁護士になった昭和45年頃には，老齢福祉年金や障害福祉年金の金額が著しく低かったため，70歳を過ぎてから1人で裁判を提起する人が少なからずいました。北海道の牧野訴訟の牧野亨さんや，岡山の宮公訴訟の宮さんは，1人で訴状を作成して憲法25条違反や憲法14条違反の訴えを東京地裁へ出していました。これらの人の事件を新聞記者などの紹介で弁護士が援助することになった経過があります。これらの併給禁止の裁判の提起の結果，行政庁は70歳を過ぎた高齢者から裁判が起こされたことを深刻に受けとめて，老齢福祉年金の増額や併給限度額の大幅引き上げを大蔵省と交渉したとされています。牧野訴訟や堀木訴訟では1審判決後，国会で法律が改正され，全国の同様の地位の人が大勢救済されました。

　また，私の経験した例で言うと，前記の併給禁止の裁判を支援する東京のある老人は，北海道の稚内から東京までを1人で歩き，毎日のように裁判長あてに裁判の意義や老人の実情を葉書に書いて出

していました。数ヵ月後,水戸までその老人が来た時,裁判長からその老人が面会したいと言っているので,代理人の私に立ち会って欲しい旨を言われたことがあります。1人の小さな試みが裁判長を動かしました。前記の例のように,裁判は1人でもできます。三権分立と違憲立法審査権の下での判決は,国会を動かす力を持っています。社会保障給付が低いとか,併給禁止が不合理だと考えるのであれば,泣き寝入りすることなく立ち上がることです。皆の力を借りて運動する方法もあるのですが,今,自分にできることを,その置かれた立場で行うことです。例えば,病院の3割負担や差額ベッド代,介護の2割負担(2015年夏予定)が大変ならば,小選挙区の国会議員や県議会などの議員に毎日のようにメールをするか,手紙を出すことです。衆議院や参議院の厚生労働委員会の委員長に面会を求めて,窮状を訴えることです。自分と同じような環境の人は,たくさんいるはずです。他人が立ち上がるのを待っていては,いつまでも自分の暮らしは良くなりません。絶望したり,諦めたりすることは官僚と政治家の歓迎するところです。高齢の人には時間があるようで,生命の時間はありません(現に社会保障裁判の原告は裁判の途中で少なからず死亡しています。)。1960年代から1970年代の老人医療費の無料化などを勝ち獲った先人の努力に学んで高齢の人は再び立ち上がることです。これが憲法12条が言うところの国民の不断の努力の意味です(鎌田慧『ひとり起つ』岩波書店)。

第2節　認知症高齢者の人権

1　要介護者の人権

昭和48年頃に有吉佐和子さんの『恍惚の人』という小説が出版され,映画になった時,徘徊し,排泄などの処理ができなくなった高齢者の姿を見て,多くの人は「ああはなりたくない」とか,「ああま

でなって生きたくない」と思ったものです。あれから40年以上経ち，ボケ老人，痴呆老人は認知症となり，認知症の人は2010年頃には450万人となっています。かつて「ああまでなって生きたくない」と思った人が40年の経過で認知症になっています。40年以上の歳月の中で，高齢になると，人はボケること，徘徊すること，排泄や食事などが十分でなくなったとしても，それは人間の姿として自然なことだと思うようになっています。いうならば認知症や要介護状態の人々への見方がこの40年間で大きく変わったと言えます。

　他方，平成12年に介護保険法が施行され，街の中で老人ホームやグループホームの車を見ることが多くなりました。その意味で高齢者問題は国民の大きな関心事となっています。老人病院や老人ホームへ出向いて重度の要介護状態の人々が大勢ベッドの中で寝ていたり，車椅子でじっとテレビを見ているかのような姿を見るとショックを受ける人がいます。人間が生きるとはどういうことなのか，という感想を持つ人もいます。しかし，前述した有吉佐和子さんの小説から40年以上経った時，認知症の人への考えが変わったように，重度の寝たきりの人への考えも変わるのは時間の問題かと思います。その意味で認知症や要介護の人々への理解は時間の経過と人々の慣れというか，社会の人々の認識の問題が関係しています。しかし，時間の問題や慣れだけでは解決しないのが認知症の人の人権です。

2　認知症の人の人権

　ここで認知症の人の人権を取り上げる理由は3つです。

　1つは，寝たきり老人を含めて認知症の人にも一般の人と同じくすべての人権が保障される必要があるためです。人間は生きている限り，思想・信条・プライバシー・生活の質などを含めて，最低限度の生活が他の人と同じく保障されるべきです。高齢の人はどうせ死ぬのだからと言って衣食住・介護・医療が雑であったり，軽視されてはならないということです。

2つは、要介護者も残存能力が十分に尊重されてしかるべきだということです。歩行が困難になった人は車椅子やストレッチャーに乗って外出したり、映画や音楽会に出向くことができる権利が保障されるべきです。そして外出にあたっては他の人と同じく洋服を季節に合わせ、化粧をして出かける権利が保障されるべきです。さらに、好きな食べ物やいろんな楽しみが奪われるべきではないということです。

3つは、認知症の寝たきり老人を含めて人間は生きている限り、すべての権利が十分に尊重される必要があることです。寝たきり老人や認知症の人はどんな介護をされても異議や反論ができない存在だから、「いい加減な」介護でよいとの考えは強く排斥される必要があります。

以上の3つの視点から、認知症の人の人権について考えてみます。

3　世界人権宣言について

そこで要介護状態の人を人権の歴史との関係で考えてみます。2つの視点が必要です1つはフランス革命から世界人権宣言の流れであり、他の1つは障害者の人権の流れです。障害者の人権の視点は後述します。これまでの世界の人間の歩みを見てみると、王・貴族・武士などの特権階級を打倒した市民革命があり、資本家の所有権を制限し、すべての人が能力にもとづいて生き、対等・平等な社会を作るために努力してきました。この歴史過程を法的に表現したのが「身分から契約へ」、そして「市民法から社会法」であり、「自由権と社会権」の共存です。20世紀の人間の知性と良心は裸の暴力を禁止し、弱肉強食を否定し、力のある人もない人も社会保障制度によって最低限度の生活を営めるように努力してきました。ワイマール憲法は世界の歴史で初めて国民の生存権を認め、子どもたちの就学などについて公的責任を認めた画期的な憲法です。しかし、そのワイマール憲法もナチの暴力的な政策の中で消滅させられました。ナチ

はきれい事を表面上述べながら、ユダヤ人を差別し、障害のある人や国に協力しない人間を敵視し、抹殺しました。1948年の世界人権宣言は、今一度、人間とは何かを根本的に見直す宣言であります。そこでは「人権の無視及び軽侮が人間の良心を踏みにじった野蛮行為をもたらし」たこと、「人間の固有の尊厳と平等で譲ることのできない権利」があり、そして「すべての人間は理性と良心とを授けられており、互いに同胞の精神をもって行動しなければならない」としています。人間は「同胞の精神」という連帯と優しさを身につけなければいけないことを人権宣言は教えています。人権の基本となる「理性と良心」の意味が、学校教育などで子どもたちに教えられる必要があります。これらの人権教育をされて育った人々が社会で多数になることによって、世界人権宣言の趣旨が社会のすみずみまで貫徹されます。また、世界人権宣言の22条では「すべて人は社会の一員として社会保障を受ける権利を有」すると定めています。これは国民に最低限度の生活を営む権利を国に保障するよう求めたものです。人権の歴史はすべての人が平等の権利を持つことを私達に教えています。すべての人の中に高齢者や要介護の人を含むことは当然です。

4　障害者の人権の歴史

認知症の人の人権を考えるにあたって、障害者の人権の歴史の検討は極めて大切です。人権の歴史の中で最も遅くというか、必ずしも重視されてこなかったのは障害者の人権です。生産性の向上に必ずしも貢献しない障害者は、人権のカタログの中でも別格の扱いを受けました。別格とは、障害者は人々から慈悲の心を持って扱われる存在であって、その人々の扱いは慈善事業や宗教家の分野とされてきました。第2次世界大戦は大勢の障害者を生みました。それなのに、世界人権宣言では障害のある人の人権については言及していません。障害者の人権が重視されるようになったのは、1975（昭和

50) 年の国連の障害者の権利宣言の採択，その後の昭和56年の国際障害者年の「完全参加と平等」の行動提起以来です。国連の障害者の10年の動きと連動して大きな役割を果たしたのが1990年の「障害をもつアメリカ人法」（通称 ADA）です。ADA が成立する背景にはアメリカ社会の黒人の権利獲得の公民権運動があります（2015年のアカデミー賞では，キング牧師のことを描いた『グロリー』が賞を取りました）。公民権運動の中から ADA が出てきました。この法律は公共機関は勿論，民間の雇用・移動・教育などにおけるあらゆる差別を禁止しています。ADA は差別禁止には実効性があります。この ADA の動きを受けて国連で 2006 年 12 月に障害者の権利条約が採択され，日本もその後，批准するに至っています。障害者の権利条約は，人間の尊厳と平等を最も重視しています。人間の尊厳と平等の理念はあらゆる差別の禁止を求めて止みません（拙稿『障害者の権利条約と日本の動き』さぽーと No. 624, 2009 年 1 月）。

5　障害者の人権と高齢者の人権

アメリカの ADA は障害者差別禁止法です。日本には障害者基本法はありますが，障害者差別禁止法はありませんでした。今回，国連の障害者の権利条約の批准を受けて，障害者差別解消法ができましたが，ADA などに比べると，民間・公共機関での差別の禁止条項と実効性が未だ法律上十分ではありません。それでも明治維新以来の日本の障害者差別政策から見れば，一歩前進とみることも可能です。今後の政省令の内容が重要となります。障害のある人が普通の人と同じく普通の暮らしができる社会のことをノーマライゼーションと言います（花村春樹『ノーマライゼーションの父』N・E バンク―ミケルセン，ミネルヴァ書房）。ここまで障害者の人権の歴史を長々と述べたのは，障害者の人権はワイマール憲法やロシア革命の社会権の実現と同じく，人権の歴史の中で画期的なものであり，社会と人間を見る視点を大きく変えたからです。人権はフランス革命など

の自由権,ロシア革命の社会権,そして障害者の平等と個人の尊厳の人権の3つの人権が充実してこそ,人権を尊重した社会と言えます。障害のある人の中には労働能力を減退させているか喪失して,自分の力だけでは生活の糧や収入を得ることができない人がいます。認知症の人や寝たきり老人も高齢の障害者であり,問題の本質は同根です(拙稿「障害者保健福祉と人権」『公衆衛生』72巻1,2008年1月)。

　障害のある人も他の人と同じく,人間らしく生存する権利があることを明確にした点で,障害者の権利条約は画期的な条約です。人間は生きているから人間なのです。社会に貢献するかしないかは,人権の視点からは大きな意味を持ちません。人間は誰もが老い,稼得能力を喪失するときが来ます。時には認知症のため,自分の考えを第三者にわかるように表現できなくなったり,考えてることと全く別な行動をとる時があります。それでも,その人は人間です。生きています。そのことだけで社会から十分に尊重される必要があります。

　世界的な高齢化の流れの中で国連は「高齢化に関する国際行動計画」を提唱し,1999年を世界高齢者年としています。井上英夫教授によれば,国際高齢者年は「高齢者が安心して自分の生き方,あるいは自分の運命を自分で決めていくことに自己決定ができる,そういう生活を送れるように社会の仕組みを抜本的に変え」ることを指すとのことです(井上英夫『国際高齢者と国際行動計画』日本高齢者運動連絡会)。

6　人権への連帯

　日本人は身内や近所の人々が生活苦で苦しんでいる時はお互いに米や味噌などを貸し与えて助け合いをする習慣が少なからずあります。しかし,思想良心や言論の自由という民主主義の基本的価値について,その価値を護るために連帯して立ち上がることをほとんど

しません。むしろ戦前来,治安維持法が猛威を振るったこともあって,国民の間には思想問題には関わらない方がよいと考える傾向があります。例えば,従軍慰安婦問題の記事に関係して,ある者が2014年に勤務先の北星学園大学の非常勤講師の元朝日新聞記者の子どもの顔写真をインターネットで公開したり,大学の学生に危害を加えるなどとの強迫を繰り返していることに対し,日本人の多くがそのような卑劣な行為の中止を呼びかけて立ち上がることをしません。安倍首相も警察も何故か韓国人を差別するヘイトスピーチには寛大です。これに対し,2015年1月8日頃,パリで発生した新聞社へのテロ攻撃（17人が死亡）に対して,1月11日,パリ市民は100万人単位でデモをし,フランス各地で計300万人がデモ行進に参加した旨を新聞は伝えています。オランド大統領は「団結こそ力だ。国民よ立ち上がれ」とテレビ演説をしています。前記のデモにはドイツ,イギリスなどの各国首脳も参加したとのことです。日本とパリ市民・フランス国民との民主主義への違い,人権への決意の違いを見た思いがします。戦前・戦後の日本人は,社会で上手に生きていくためには宗教と政治の問題は話題にするな,誰かが政治上のテーマで逮捕されても関与するなとされてきています。むしろ率直に言えば,権力者の政策を支持するふりをした方が無難だとされる生き方をとってきています。

　まして,前記の思想・良心の自由や生命・身体への暴力による攻撃の問題と異なる生存権保障への連帯になると,日本社会にはさらに,多くの問題があります。戦後,生活保護法や年金などの所得保障制度が整備されてきましたが,生活保護などが受けられず餓死した人が出た場合にも,気の毒と考えて同情しても,制度の根本に遡って考えたり,再発防止のために原因の徹底追求をすることを国民はしようとしません。そのため,生活困窮のために自殺や餓死が今日でも絶えないのが現実です。

　他方,高齢者や障害者の中には車椅子でしか移動できなかったり,

ベッドから立ち上がったりすることができない重度の人がいます。言葉を発することができず、目で自分の感情を伝えている高齢者や障害者もいます。この人々の生存する権利、そして自己決定権を尊重するかは人間としての鼎(かなえ)の軽重が問われることになります。人権への深い理解と人間への愛情、そして連帯が重要となります。

7　生きているから人間

　人権の思想は子どもも大人も、病弱な人も、障害のある人も、要介護状態の人も、みな人間として同等の権利を持ち、尊重されるべきだとする考えにもとづいています。そして平等の考えは、一人ひとりの人間は生きている限りひとしく尊重されるべきだし、一人ひとり、人は固有の尊厳をもっているとの考えになります。それゆえ末期の病気の人も人生の最後まで充実した治療を他の人と同じく受ける権利があります。また、ナチスが行ったように親と子が切り離されたり、子が強制収容所に入れられることを禁じています。さらに、子が親の附属物というか、犠牲になってはいけない、子どもには子どもの人生があるということになります。子どもは親の病気や失業のために「無理心中」の犠牲にされるべきではないし、親の介護のために子どもの人生が拘束されるべきではないという結論になります。また、介護を公的責任でなすことになれば、所得の有無にかかわらず、誰もがひとしく介護を受けられる権利があります。人間は要介護状態でも、病気で寝たきりでも生きています。生きていれば必ず光が差します。70歳の人にしてみると、100歳の人が元気に生きていることは、自分も健康や様々なリスクに気をつければ、100歳まで生きられるという希望になります。ナチスの強制収容所で、長崎から出向いたコルベ神父は強制収容所で他の人の生命を助けて自身は死亡しました。その後、収容所の中で生き延びた人は戦後、コルベ神父の話とナチの非道な実態を世界に向かって告発しました。人間はどんな条件・環境の下でも生きていれば希望が出てきます。

そして明日への光となります。また，私の知人で長年にわたって人工透析を受けて体が衰弱し，余命幾ばくかと心配していた人が，腎臓の移植を受けて体が回復し，今日では一般の人と同じく健康に暮らしています。医療の技術の進歩は人間の生命の延長さえも可能にしています。

以上みたように，人間を大切にする，人間の生存を保障するとの考えは第2次世界大戦のナチや日本の軍国主義の反省にもとづいています。今日の福祉国家は障害のある人も要介護の人も人間である限り，公的責任で人間らしく処遇すべきとの考えに立脚しています。もう一度述べます。福祉国家とは一人ひとりの人権と生存を大切にし，社会連帯とヒューマニティを重視する国家です。それゆえ福祉国家は平和に強い親近感を持っています。

8　人権の不可侵性

次に，生存権の大切さを明らかにするために，人権の不可侵について述べます。日本国憲法11条では「この憲法が国民に保障する基本的人権は，侵すことのできない永久の権利として現在及び将来の国民に与えられる」と定めています。憲法学者はこの規定を人権の不可侵性としています。国民の多くの人は人権が大切・重要であることは理解していますが，それが人間が生きていくうえで，生活のうえでどれだけ大切なものかは十分に理解していません。人権の大切さ，重要性を知るには世界と日本が歩んできた歴史を知ることです。アメリカが何故，独立宣言を1776年に発表する必要があったか，1789年に何故フランス革命が生じたのかの歴史を学ぶことです。日本人はその歴史の勉強が不十分です。そこで，人権が如何に「侵すことのできない永久の権利」であるかについて，国会で定めた法律と憲法81条の違憲立法審査権との関係で若干，説明します。

国会が全会一致で制定した法律であっても，国民の人権を侵害する法であるときは，裁判所（地域・高裁は3人，最高裁は5人ない

し15人）はその法律を無効とすることができます。国会が全会一致で法律を制定したならば恐らく国民の大部分も支持していると思われます。しかし，裁判所は如何に多数の人が賛成した法律でも，憲法の原意に照らして違憲なものは許しません。3人や5人の裁判官が国会で全会一致でできた法律を無効とすることができるのは，人権は多数決にはなじまないものであり，ことさようなほど人権は人間が生きていくうえで重要だということに由来します。戦前の日本の国家総動員法，挙国一致，ヒトラーの授権法の経験が「多数必ずしも真ならず」との考えをもたらし，戦後,憲法裁判所の制度を日本・ドイツ・イタリアの旧ファシズムの国に導入することになったのは多数決の横暴の反省と人権の不可侵性にもとづくと言えます。人間には思想・良心や生存権のように譲れないものがある，それが人権です。ただ率直に言えば，前記の人権の不可侵性は思想・信条の自由と高齢者の生存権とでは違うのではないかとの考えがあります。

9　生命と生存権の重大性

ところで，日本の歴史を振り返ってみると，人の生命と生存は必ずしも重視されてこなかったと言えます。鎌倉時代には武士は自分の土地を「一所懸命」に守るために戦さをする必要があったり，戦国時代から江戸時代にかけて武士の「切腹」が名誉とされていました。この考えはソ連とのノモンハン事件などで多くの将校が軍のトップに「切腹」を強要されたように，昭和の時代にも引き継がれていました。明治国家は忠君愛国の名の下に国民に天皇のために生命を差し出すよう命じました。そして「生きて虜囚の辱めを受けるなかれ」と広言していました。そのため戦場で勝利の見通しが全くないのに「玉砕」が兵士に命じられました。日本国憲法13条は，前記のような日本の支配層，そして生命軽視の考えを改めるために，「すべて国民は個人をして尊重される。生命，自由及び幸福追求に対する国民の権利については公共の福祉に反しない限り，立法その他国政のう

えで最大の尊重を必要とする」と定めるに至った経緯があります。この生命尊重の考えは，アメリカの独立宣言と同じく個人あっての国家（前国家的権利）と同じです。国の政治の基本は国民の生命・身体の尊重がまずもって優先されます。「生命あっての物種」は永遠に真実です。しかし，生命さえ維持できればどんな生活でもよいかと言えば，否です。前述の憲法学者の宮沢俊義教授は「社会権を欠いた自由権は，絵に描いた餅に過ぎないが，また自由権を伴わない社会権は動物園における動物の生存権以外の何ものでもない。生存を保障することは大切であるが，そのために払う値いが自由でであってはならない」としています（前述『憲法講話』）。以上のように，人間が人間らしく生きるとは，自由と生存が一体となって保障される必要があります。そのうえで人間の生命は何ものにも替えがたいものであることをしっかりと認識することです。今日の日本にあっては，国の社会保障政策の不十分さや貧しさのために病気で助かる生命が失われたり，費用負担ができない人が続出してはなりません。平和国家の下での生命を失う最大のものは貧困と病気です。この貧困と病気に対して国が適切に対応することは国民の生命を国が大切にしているかのポイントになります。実際，国民が健康に如何に関心が強いかは，今日の社会でみると，あらゆるアンケートでもトップを占めます。また，テレビのCMで健康食品のCMが多いことは健康への関心が高いことを裏付けています。さらに，大・中・小の病院や街の開業医へ出かけても，どの病院も常に大勢の患者さんで溢れています。それも5分の診察のために2時間ぐらいで待っています。それだけ病気を治したい，健康に生きたいと思う人が多い証左です。さらに，癌の専門病院へ行くと必ずと言ってよいほど複数の「付添人」が来ています。そして診察室に患者と一緒に家族が入っていくところを見ると，家族の人々が治る見込み・余命期間などを知りたくて同行していると思われます。福祉とは国民の生命と生存権を護ることです。

10　高齢者基本法を

　既に述べたように，社会権は国に対して各種の生存権を要求していかなければ容易には実現しません。日弁連は平成7年10月に高知で開催した人権大会で「高齢者の人権と福祉——介護のあり方を考える」というシンポジウム（私も責任者の1人でした）を開催し，その中で高齢者基本法を制定するよう提言しています。20年ほどの前の提言ですが，今日でも重要な意味を持っています。高齢者基本法を制定する理由として，

　「高齢者の救貧対策から始まった高齢者福祉は，高齢者を常に恩恵たる福祉施策の対象として，保護の客体として扱ってきた。しかし，高齢者は，本来ひとりの人間として基本的人権を保障されるべき権利の主体である。高齢社会を迎えて，高齢者福祉のあり方が具体的に問われる今，高齢者の一人ひとりが人間であるがゆえに尊重されてしかるべきであることを明確にし，高齢者の生活が人間らしいものであるための具体的な施策が検討され，実現されなければならない。

　1963（昭和38）年年7月11日成立し，同年8月1日施行された老人福祉法は，それまでの救貧対策たる恩恵的な福祉から脱却し，憲法25条の生存権の保障の観点から高齢者福祉を進める内容のものであり，今日に至るまで数々の法律ないし規則，施策の根拠としての役割を果たしてきたが，未だ十分とは言いがたく，不徹底なところがある。例えば，その第2条では，「老人は，多年にわたり社会の発展に寄与してきた者として，かつ豊富な知識と経験を有するものとして敬愛される」とされており，高齢者は，寄与や知識，経験とは関係なく，ひとりの人間であるがゆえに敬愛されるという観点が欠落している。また，憲法25条がプログラム規定として扱われたこともあって，その時の国や地方自治体の財政的事情で簡単に高齢者福祉の内容が低下させられてきた。老人

福祉法による福祉の内容が，高齢者の権利として要求できるものであるならば，時の財政的事情を理由に低下させることはできず，その基本的権利は合理的な自由がなければ制限できないはずのものなのである。

　「高齢者基本法」では，高齢者の尊厳と権利主体性を明確にし，国際人権規約は勿論，日本国憲法25条の生存権および同13条の幸福追求権と高齢者の自己決定権にもとづいて，高齢者に保障されるべき権利の内容およびこれを保障する国や地方自治体の責任を明確にすることが必要である」
と提言しています。(日弁連編『高齢者の人権と福祉』こうち書房)。前記の高齢者基本法の提言から20年経っても，政府はこれを制定しようとしていません。最近の政府の動きは2025年問題にみられるように，高齢の人の生活や人権を次々と侵しています。今日の社会の中には国が財政難の時，長生きをして年金や医療，あるいは介護に金をかけさせるのは迷惑だと言わんばかりの風潮さえあります。これは如何なる意味でも人権思想と相反します。

11　健康で文化的な生活のための条件

　政府は平成7年に高齢社会対策基本法を作っています。この法律は高齢者を「対策」としか扱っていません。そんな不十分な法であっても，どんなことを高齢者が国などに要求したらよいか，の参考にはなります。

　まず，働ける人には仕事を与えることを要求することです。高齢者の雇用促進に関する法を強化することです。

　次に年金で生活できない人には生活保護を保障するか，就業の場を与えるよう要求することです。

　第3に健康維持のために文化・スポーツなどの諸施策と健康診断の充実と，健康診断と治療の連携を求めることです。

　第4に，医療・保健について，少なくとの75歳以上の人は無料か

安価な費用で安心して誰もが利用できるようにすることです。
　第5に，大学・社会教育などでいくつになっても学習できるよう国や自治体に対して求めることです。
　第6に，住宅のバリアフリーやひとり暮らしの高齢者の住宅にナースコールなどの設備の充実を求めることです。
　前記の諸施策は，高齢の人が個人として自立し，自分のことは自分で決定していくために不可欠な施策です。国はそのために介護保険法，高齢者の居住の安定確保に関する法律，高齢者等の雇用の安定に関する法律，高齢者の医療の確保に関する法律，高齢者・障害者等の移動等の円滑化の促進に関する法律などの法律を制定しています。が，これらの法は理念先行で裏付けの予算が不十分です。とりわけ要介護状態の高齢者への政策は，財政の裏付けが極めて不十分です。施設が不足している中で，在宅でのヘルパー，費用が介護保険では十分でないため，家族による虐待が増加しています。また，国は施設から在宅への介護を提唱しているため，特養ホームなどの建設には熱心ではありません。国は介護予防だけでなく，要介護状態になった人への手厚い介護をすべきです。高齢者は「老人力」なるものを発揮して，国へ高齢者の生存と憲法25条の諸施策を実現するよう要求していくべきです。社会保障などの権利は既に述べたように国民自らが権利のための闘争をしてこそ初めて実現するものです。国連の人権規約では「すべての者が到達可能な最高水準の身体及び精神の健康を享受する権利を有することを認める」とあることに国民は十分留意して，自信を持って社会に向かって行動すべきです。

第4章　生活保護・年金・医療・介護と今後の課題
―― 権利としての社会保障 ――

第1節　生活保護と社会保障裁判
―― 権利としての社会保障 ――

1　高齢者と生活保護

　2015年現在の生活保護の受給者は約200万人を超えているとされ，その約1／3は高齢者です。また，90歳以上の人の中には国民年金法制定の経過的な老齢福祉年金しか受給できない人がいたり，月額3万円前後の低い国民年金や障害年金では到底生活できないために生活保護を受けている人もいます。重要なことは，資本主義であれ社会主義社会であれ，社会にあっては本人や家族がどんな努力をしても収入を得ることができない人々（病気・失業・障害など）が常にいることを承認することです。他方，生活保護で自立できるようになって，柔道の「敗者復活戦」のように再び社会復帰ができるようになる人々が少なからずいます。生活保護の問題は，国が個人の生活をどう位置づけるかに関わる根本問題です。高齢の人に生活保護の受給者が多いということは，年金だけでは生活できない，病気の人が多い，介護などの出費が多い，加齢に伴っての各種負担が増えている，ということがあります。しかし，このことをよく考えてみると，現在の高齢者の生活の姿は明日の若者の姿であるということです。このことをしっかりと国民は認識する必要があります。

2 旧生活保護法の制定へ

　昭和20年8月15日以降の日本は,旧植民地など「外地」からの「引揚者」の増加と戦争のための農村の労働人口の減少のために極端に貧しいと言うか,食糧難でした。全国各地の工場は空襲で操業を再開できず,街には失業者が溢れていました。人々は生きるために「ヤミ市」で食糧を入手せざるを得ませんでした。ヤミ米を食することを拒否した函館地裁の裁判官は餓死しました。人間が生きていくうえで最低限必要なものは,昔から衣食住と言われています。戦後初期の飢餓的貧困と言われたときの「衣」は,ぼろぼろの衣服であったし,「食」はさつまいも・麦・カボチャであり,白米にありつけることはありませんでした。「住」は空襲で家屋をなくし,掘っ立て小屋同然の家でした。この時代を生きるほとんどの人は,貧しかったと言えます。昭和20年12月には,生活困窮者緊急生活援護要綱ができて,失業者・戦災者・海外引揚者・在外留守家族・傷痍軍人及びその家族並びに軍人の遺族に対し,宿泊施設・給食施設・衣料・寝具・食糧などが支給され,その後昭和21年9月に旧生活保護法が制定されました。この法律の下で生活扶助費・医療費・助産費などができあがりました。しかし,旧生活保護法は国民の権利性（不服申立）が明確でなかったこと並びにその後に憲法25条が制定され,健康で文化的な最低限度の生活を営む権利が国民の権利と憲法上明記されたことに伴い,昭和25年に新生活保護法が制定されました。

3 新生活保護法の内容とその後の運用

　新生活保護法は
　　「日本国憲法25条に規定する理念に基き,国が生活に困窮する全ての国民に対し,その困窮の程度に応じて必要な保護を行い,その最低限度の生活を保障するとともに,その自立を助長することを目的とする」（第1条）

とあります。そして，法の要件に該当する人を無差別平等に生活保護の対象にする点で，戦前の各種救護立法などと全く違っています。生活保護の種類としては，① 生活扶助，② 教育扶助，③ 住宅扶助，④ 医療扶助，⑤ 介護扶助，⑥ 出産扶助，⑦ 生業扶助，⑧ 葬祭扶助の8つです。このうち ⑤ の介護扶助は，平成 12 年の介護保険の実施に伴って新たに加えられたものです。前記8つの項目で最も問題となるのは，① の生活扶助です。生活扶助は衣食住のうちの主として衣食などに関係するものです。この点について立法者の小山進次郎氏は，法 12 条の衣食その他日常生活の需要を満たすのに必要なものとして，

① 飲食物として主食物・副食物・調味料・嗜好品等
② 被服に関するものとして肌着類・手拭・足袋・靴下等
③ 見廻り品として傘・下駄・縫針・風呂敷等
④ 家具什器などとして茶碗・皿・ざる・バケツ等
⑤ 保健衛生に関するものとして入浴料・理髪料・石けん・歯磨粉・ちり紙・家庭薬等
⑥ 光熱に関するものとして電気・電球・マッチ等
⑦ 飲料などに関するものとして水道料など
⑧ 文化に関するものとして新聞代・用紙代・鉛筆代・通信費等
⑨ その他特殊なものとして「日常の起居動作に不自由なる老人等に対して介護を付することなども理論上考えられる」

としています（以上について小山進次郎『改訂増補 生活保護法の解釈と運用』（復刻版）全社協）。

前記の事例にみるように，新生活保護法の制定によって国民は生活の全般にわたって初めて国家による保障がされることになりました。ただ率直に言えば，生活保護を受けている人の中でも，失業者と病気の人，特に結核患者のように長期療養で滋養のある食物を食べて体力をつけなければならない人は，その給付の十分・不十分さの実感の点では大きな相違がありました。

4 朝日訴訟

　昭和20年代後半の生活保護の基準は，当時の経済状況もあって，健康で文化的ではない「最低限度」という極めて低いものでした。低い生活扶助の水準のあり方について，国民の側から憲法25条との関係で問題提起をした人が岡山の結核療養所で生活していた朝日茂さんでした。国は長い間，音信がなかった朝日さんの兄を探してきて，毎月1,500円を朝日さんに送るようにさせました。福祉事務所は朝日さんの日用品費月額600円を打ち切り，残額900円を医療費の一部として負担させる生活保護変更決定をしました。朝日さんは前記の600円の打ち切りと生活保護変更を争って審査請求・再審査請求をし，東京地方裁判所に裁判を提起しました。東京地方裁判所は昭和35年10月19日の判決で，生活保護の基準は「国民が単に辛うじて生物としての生存を維持できるという程度のものであるはずはなく」「それが人間としての生活の最低限度という一線を有する以上，理論的には特定の国における特定の時点においては一応客観的に決定」できるものであり，その水準は「その時々の国の予算の配分によって左右されるべきものではない」として「福祉事務所長が本件保護変更決定により原告に対し前述仕送月額1,500円から原告の日用品費として金600円を全て原告の医療費の一部として負担すべきを命じ，補食費の控除を全く認めなかったのは結局において生活保護法第2条，第3条，第8条に違反する違法な措置である」として朝日さんを勝訴させました。この裁判は原告の朝日さんの名前をとって朝日訴訟と呼ばれています。この裁判は直接的には国（厚生大臣）の生活保護基準の低さを争ったものですが，日本の社会保障の歴史で初めて本格的に，国民の側から憲法25条と生活保護の関係を問うた裁判としても有名です。この裁判を全面支援した結核患者の団体である日患同盟は，朝日訴訟対策協議会という組織を作って，国民の間に「権利としての社会保障を」というスローガンを広め，社会

保障がそれまでのようなお慈悲ではなく，国民の権利であることを明らかにしました。この裁判は東京高裁で昭和38年11月4日に朝日さんが敗訴し，最高裁で昭和42年5月24日に朝日さんの死亡で終了しました。しかし，朝日訴訟の影響を受けてその後，多数の社会保障裁判が提起されることになりました（拙稿「福祉訴訟の動向」ジュリスト増刊総合特集『転換期の福祉問題』1986年1月』）。このことは国民の側にすると，社会保障は裁判で判決をとり，強制執行ができる性格の権利であることを意味しています。朝日さんの功績はまことに大きいと言えます（生存権裁判を支援する全国連絡会編『朝日訴訟から生存権裁判へ』あけび書房）。

5　社会保障裁判と給付の改善

　朝日訴訟以後，多数の社会保障裁判が国民から提起されました。ここでは生活保護と年金の関係を問う，私も関与した堀木訴訟と，秋田の角館の加藤訴訟の2つの裁判を取り上げてみたいと思います。

　堀木訴訟は，全盲の堀木フミ子さんが児童扶養手当と障害福祉年金の併給を求めて昭和45年に起こした裁判です。1審の神戸地裁は，男性には併給が認められていて女性には併給を認めないのは憲法14条に違反する旨の判決を出しました（神戸地裁　昭和47年9月20日）。この判決を受けて国会は法令を改正しました。その後，国（兵庫県知事）が控訴し，大阪高裁は昭和50年11月10日に併給制限は憲法25条や14条には違反しないとし，最高裁も昭和57年7月7日に堀木さんの主張を全面的に敗けさせる判決を下しました。この事件の争点は2つの年金を併給をしなければ憲法25条の健康で文化的な最低限度の生活ができないとするところにありました。国は裁判で，低い年金で生活できなければ生活保護があるから，あたかも年金が低くても良いかのような主張をしていました。しかし，世界各国，特にILOなどは年金で最低生活できるようにすること，別言すると，年金に最低限度の生活保障の意味を持たせて各種の制約のある生活

保護を受けなくても済むようにしてきており，国の主張は年金と生活保護に関する国際的な流れに反します。それなのに年金で生活できなければ生活保護があるから，年金は低くても良いとするのは奇妙な理屈としか言いようがありません。

また，秋田の角館の加藤さんは，生活保護を受けながら病院の入退院を繰り返しており，何かと医療扶助以外の金が必要なので，生活保護費を貯えて80万円余の預金を持っていました。それを福祉事務所が収入認定などをしたため，裁判となりました。実は，加藤さんは障害年金を受給していましたが，この金額だけでは到底生活できないため，生活保護を受給していたものです。前述した堀木さんは手当で，加藤さんも障害年金で，十分生活できれば資産調査や収入認定などのある「屈辱的な」生活保護を受けなくてもよかったのです。しかし，年金があまりに低いため，加藤さんは生活保護を受けざるをえませんでした。結論として秋田地裁は，生活保護家庭といえども預貯金の保有が認められるとして加藤さんを全面的に勝訴させました（平成5年4月23日判決）。その後，国は学資保険を収入認定した福岡の中島訴訟で最高裁で敗訴したため，生活保護家庭に預貯金の保有を一定の限度で認める通達を出すに至っています（社会保障裁判の成果は拙著『人間らしく生きる権利の保障』創風社）。

ところで，生活保護を受けようとする人が福祉事務所から保護を拒絶されたときには，弁護士に費用を払って頼むことができなければ，実際上，生活保護上の権利は絵に描いた餅と同じとなります。この点が争われたのが私も関与した第2次藤木訴訟です。この事件の第1次訴訟は生活保護の居住地や世帯単位などをめぐって争われ，藤木さんが全面的に勝訴しました。藤木さんは病弱で，弁護士に頼んで裁判してようやく生活保護を受けることができたものです。しかし，裁判所は弁護士費用を生活保護費で出すことを結論として否定しました（東京地裁 昭和54年4月11日判決）。その後も，貧困な人の裁判を受ける権利の保障は生活保護では認められてはいませ

んが、法テラスができてから事実上、貧しい人々の裁判を受ける権利は認められるに至っています。法律家は憲法 25 条の規範性を一つひとつの事案で勝ち獲るため、審査請求や裁判をして、各法令上の権利を憲法 25 条の権利として昇華させて、国民の権利を不動のものにする責務があります。

6 憲法 25 条の規範性

　生活保護の事件の多くは保護の水準が憲法 25 条に違反すると争われるのが常です。そこで裁判上問題となるのは、憲法 25 条の「健康で文化的な最低限度の生活を営む権利を有する」との定めが、現在の社会保障立法を拘束するか（規範性）の問題があります。別言すれば、不十分な社会保障立法の時、国民が憲法 25 条違反を主張立証したとき、裁判所は憲法違反の判決ができるかです。この問題は憲法 25 条の法的性格をどう見るかによって変わります。この点について、最高裁は朝日訴訟や堀木訴訟で

　　「健康で文化的な最低限度の生活なるものは、きわめて抽象的、相対的な概念であって、その具体的内容はその時々における文化の発達の程度、経済的・社会的条件、一般的な国民生活の状況との相関関係において判断決定されるべきものであるとともに、国の財政事情を無視することができず、また多方面にわたる複雑多様な、しかも高度の専門技術的な考察とそれにもとづいた政策的判断を必要とする」

として、原則として法的拘束力はないとしています（最判昭和 57 年 7 月 7 日）。

　要するに、憲法 25 条は原則として法的な規範性はないが、「著しく合理性を欠き、明らかに裁量の逸脱・濫用と見ざるを得ない」ときだけ、法律・処分が憲法 25 条に違反するか否かを審査判断することができるとしているものです。

　憲法 25 条の法的性格に関する最高裁の判断は、プログラム規定と

講学上言われているものに近いものです。このプログラム論は，今日（2015年）からみると100年ほど前の，ドイツのワイマール憲法151条の生存権規定の考えです。日本の憲法学者も戦後初期の混乱した状況と財政事情の下で，憲法25条をプログラム規定と解していました（例えば『詳解日本国憲法』有斐閣）。しかし，憲法25条を前記のようなプログラム規定と解して国の道徳的・政治的考えを表明したものであるとすれば，憲法25条の画期的意味は空文化してしまいます。憲法25条の規定は確かにワイマール憲法の影響を受けてはいるものの，その後のアメリカのニューディール政策下の社会保障，イギリスのベバリッジ報告などを受けて制定された経過があります。まして戦前の日本の，軍国主義政策の反省の下に貧困の解消のために憲法25条が不可欠であるとして作られた経過があります。以上のように考えると，憲法25条の規範の内容は，国の経済事情や時代とともに変化し，各種法令の制定によって具体化し，規範性が強まる性格を持っていると解すべきです。実際，前述した朝日訴訟以来の，多数の社会保障の裁判は，この「営む権利」を根拠にして国民の側から起こされています。生活保護法1条，国民年金法1条でも憲法25条にもとづいて制定されたことを明記しています。また，保育所や特別養護老人ホームの最低基準も憲法25条の規定を受けています。さらに近時で言えば，日照権，空港周辺の騒音などの問題も，憲法25条の生存権侵害かが問われています（拙稿「社会保障裁判の特徴と課題」潮見俊隆ほか編『現代司法の課題』所収，勁草書房，並びに拙稿「社会保障裁判と憲法25条」『憲法理念の現実をめざして』所収，東京中央法律事務所，エイデル研究所）。国民の憲法25条の規範意識と裁判所の認識に大きな「ズレ」が生じています。

7　親族優先と家族の変容

　生活保護法4条は民法などの扶養義務を負うものが親族にいたならば，扶養義務者を優先させるべきであると定めています。これに

関係して前述した朝日訴訟では音信が事実上絶えていた兄に 1,500 円を送金させて，国の支出を免れるということをしました。最近では高額所得の芸能人の母親が生活保護を受けていることを理由に，自民党のある議員などが非難を大々的に行い，それをマスコミが報じたため社会問題となったことがあります。この規定を形式的に当てはめると，親族のいる人のほとんどは生活保護を受けられないことになります。既に述べた経済と家族の変容があって親子といえども今日では他人同然の家が少なからずあります。まして，「おじ」や「おば」まで親族とか，顔も見たことのない「甥」や「姪」まで扶養義務があるとして調査をするのは，今日の親族の実態に合いません。そんなわけで生活保護の適用にあたって親族優先を形式的に当てはめるのは問題と言えます。また，「貧民の親戚は概して貧民なり」とあるように，貧民の親族に扶養義務を強制することは，その人や家族を困窮せしめ，場合によってはその人をして生活保護の受給者に「転落」せしめる結果をもたらすことになりかねません。

8　スティグマ

　生活保護は，その申請段階やその後の調査で本人や親族などの資産調査をします。その過程で多くの不愉快なこと，屈辱的なことがケースワーカーなどによって調査されます。生活保護を受けている者は親族の恥であるかのようなレッテルが社会で貼られる場合があります。そんなこともあって生活保護を受けている人は身を小さくして生活しています。市役所の福祉の車が自分の家の前に停車すると，自分が生活保護を受けていることが周囲の人々に知られるから嫌だという人もいます。世界各国では生活保護の持っているスティグマを緩和するために，いろんな配慮をしています。日本の自治体やケースワーカーのように「根掘り葉掘り」家庭生活の状況を聞くようなことはしていないようです。日本のケースワーカーの中には，生活保護を受けること自体を怠け者であるかのような言動をしたり，

その旨をケース記録に記入する人がいます。裁判で入手するケース記録を読むと、ひどい記述があります。ケースワーカーの調査には、プライバシーなどの人権侵害を伴うことが多いと言えます。そんなスティグマが生活保護制度にあるために、資産調査がなく、自由にお金を使える年金制度が世界で制定されてきた経過があります。

9　国の生活保護施策の誤り

今日の格差社会にあって生活に窮する人が年々増加し始め、5, 6年前に戦後の混乱期を除いて生活保護の受給者が100万人を超えたと騒がれていたのが、今日では200万人までになっています。そんなこともあり、国の方ではなるべく窓口の段階で生活保護を受けられないよう、あれこれの口実をつけて生活保護の申請さえ拒否しています。いわゆる水際作戦です。そのため生活保護を拒否された人の中には自殺したり、餓死したりする人が出るほどです。また、国は生活保護の老齢加算を廃止したり、保護の基準（住宅扶助・冬期加算など）を下げたりするなどの方策をとっています。このことに関係して、2015年現在、全国各地で生活保護の裁判が多数、提起されています。私が年金と生活保護の事件で通った金沢では、弁護士と福祉従事者が協力して各種の裁判を長年にわたって取り組んでいます。そのような取り組みの中で、金沢の生活保護の受給者の、生活保護に関する感想と、今回（2014年）の政府の生活保護水準（住宅扶助・冬期加算など）の改変に抗議して裁判を提起した石川県の原告のインタビューを紹介して国の政策の誤りについて述べます（ちなみに今回の裁判は全国19県にて約600名の原告が提訴）。

「3人の方は様々な職業について働いておられたが、病気によって働けなくなり生活保護を受給するに至っていた。生活保護を受けることについては、「命がつながった」「暖かいところに住むことができる」「明日どこにお金を探しに行くかの心配がなくなった」「大部屋の生活だったが今は自分の空間が確保できる」等、安心感を得ら

れたことを話されていた。しかし，生活保護基準が削減され，「1・2年だったら辛抱できるが，これをずっとやれということはできない。今は家からあまり出ない生活」「冬は石油ストーブをつけて，15度になると切る」「夏場はなるべく涼しい公共施設で過ごす」「風呂はシャワーのみ。かゆくなってきそうなとき，1ヵ月3回ぐらい入る」「1食250円をめどにしているんやけど，4～5食分カットされるから，250円でも難しい時代に入った」「月末はもやしと味噌汁のみ」「生活保護を受けてから下着を数点購入した以外には買っていない」「冠婚葬祭は全く参加できない。自分の父母が亡くなったときに世話になった人の葬儀にも参加できない」「クラシックを安いラジオで聴いているが，ほんとうはアンサンブルを聴きに行きたい」等，節約を余儀なくされる生活を送っていることを話された。そして，「自分が受ける生活保護制度がどんなものか，話を聞いてそれはおかしいぞと思って，当事者として黙ってちゃいかんぞと思った」「5兆円近く軍事費を要求しているのに福祉を削っている。だまっとれんなと思って手を挙げた」と訴訟を起こした思いを話された」とのことです（『医療・福祉問題研究会報』No. 122, 2015年4月15日）。

　最後に，私は貧乏は恥でも何でもないと思っています。恥なのは貧乏を強いている国の政策と闘わないことだと思います。その意味で今回の生活保護裁判は改めて大きな意味を持つと言えます。

第2節　医療・年金と生存権保障について
　　　　——高齢者の負担軽減と生活の安定——

1　医療と年金の前史

　富国強兵を目指す明治政府は，明治5年に徴兵制を実施し，明治8年，9年に軍人に対し，恩給制をしき，その後国家公務員や地方公務員にまで恩給制度を拡大しました。また，明治7年に恤救規則を，

昭和4年に救護法で，生活に窮する臣民の救済に乗り出しました。しかし，前記の各制度は社会保障としての普遍性は勿論，国民の側には権利がなく，お上の慈悲という性格が非常に強いものでした。さらに戦時体制が強まってきた昭和13年に「健民健兵政策」の一環として，農山漁民を対象にした地域医療保険として任意の国民健康保険法が制定され，昭和16年に労働者年金保険法が成立し，その後，「労働者」という名前が気に入らないとして，昭和19年に厚生年金保険法になりました。これらの社会保険は，戦時下であり，国民の健康増進や生活の向上を図ると言うよりは，税金に代わって掛金を軍費調達に役立てようとする隠されたねらいがありました。いずれにしても，社会保障と言い得るためには，ある事故（老齢・労災・障害・遺族・疾病など）に当てはまる人に対して国が公的責任において給付を平等になすことが必要不可欠です。その意味で戦前の日本の公的な医療・年金は普遍性と権利性が明確でなく，社会保障は存在しなかったと見るべきです。

2　戦後の健康保険と年金

　戦後の憲法では，憲法の平和主義を徹底するために国の政策を自由に批判できる言論・出版の自由と共に，貧困をなくするための生存権の保障と労働基本権の保障を定めました。政府は戦争直後の飢餓的貧困を解決するために，旧生活保護法を昭和21年に制定しました。また，昭和22年には労働者災害補償保険法で業務上の疾病の給付がされ，厚生年金保険も1948年に改正されました。その後，昭和25年の生活保護法は公的責任による生活保護受給権を国民に保障しました。以上の戦後改革の下で，昭和25年10月に社会保障制度審議会（大内兵衛会長）は

　　「いかにして国民に健康な生活を保障するか，生きていける道を描くべきか，これが再興日本のあらゆる問題に先立つ基本問題である。これなくしては人権の尊重も，デモクラシーも，紙の上の

空語でしかない。いまや人間の生活は全く社会化されており，その故には家もまた社会の貧困や病弊に対して社会化された方法を持たねばならない。諸外国と同様，日本でもこういう制度なくして問題が解決できるとは思えない。いまや我々は力をつくして問題の解決にすすまねばならぬ」

と提言しています（吉原健二・和田勝『日本医療保険制度史』137頁，東洋経済新報社）。

3 国民皆保険・皆年金

生命と健康の維持は，人間の生存にとってあらゆる問題の優先事項です。戦後の医療改革はある時まで前記の社会保障制度審議会の答申にもとづいて実施されてきました。昭和27年にサンフランシスコ条約が結ばれると，占領軍によって中止されていた軍人恩給が復活したため，空襲で被害を受けた国民は何故，軍人だけの年金なのかという声を出すに至りました。そんな世論を受けて，昭和33年に農民・商工業などの自営業者などを対象とする国民健康保険法，昭和34年に国民年金法が制定されました。2つの法律で全国民が何らかの保険や年金に入る国民皆保険・国民皆年金が生まれました。国民年金法の立法者である小山進次郎氏は，

「国民年金制度は国民の強い要望が政治の断固たる決断を促し，われわれ行政官のこざかしい思慮や分別を乗り越えて生まれた制度である」「この制度が幸いして順調に成長した場合において，国民の所得保障の上においてはたすであろう画期的な役割についてはこれを認めるに吝かであってはならない」

とされています（小山進次郎『国民年金法の解説』時事通信社）。国民年金は40年，最低でも25年間の拠出期間が必要です。昭和34年の法制定時，既に70歳前後の人には国民皆年金の趣旨を貫くために，無拠出の経過的な老齢福祉年金や，10年年金などの工夫がされました。前記の国民皆保険，国民皆年金は，憲法25条の生存権を国

民にひとしく保障しようという平等の要求の実現です。国民は病気になった時は健康保険証1枚で全国どこの病院でも治療を受けられるようになりました。また，国民年金は自営業者といえども老齢・障害・死亡という事故から免れない以上，そのような事態になった時の最低限度の生活をすべての国民にひとしく保障しようというねらいの下で作られられました。

ただ率直に言えば，国民年金の支給額は厚生年金・共済年金などに比べると著しく低額です。それは毎月の掛金（保険料）の金額は定額であって，厚生年金などのように報酬に比例して支払う体系になっていないことに加えて，自営業者は65歳を過ぎても商売や農業などを継続しており，収入の減少分をカバーすればよいとの考えがあったことがその要因としてあります。実際，今日でも農家や漁業の人は3万円から5万円の国民年金で生活している人が少なからずいます。しかし，国民年金は当時から50年近く経った今日，地方都市のシャッター通りに象徴されるように，自営業者は廃業を余儀なくされています。そのため，商店主などは農業などの人と違って国民年金だけでは到底生活できず，子どもに仕送りしてもらうか，同居する形で生活している人が多いのが現状です。その意味で国民年金制度のあり方，とりわけ後述の基礎年金と生活扶助の金額などの関係についての十分な検討が必要になってきています。

4　高齢者にとっての年金

国民皆年金になってから，1960年から1970年代に老齢福祉年金の性格や併給などをめぐって70歳を過ぎた高齢者から多数の裁判が提起されました。例えば牧野訴訟，松本訴訟，宮公訴訟，中村訴訟，宮岸訴訟さらに堀木訴訟や本村訴訟のように併給訴訟が提起されました。これはいずれも福祉年金の法的性格・金額の水準などが憲法25条の健康で文化的な最低限度のものであるかが争われたと言えます。福祉年金と他の年金の併給が争われたということは，折角，国

から支給されるようになった年金があまりにも低くかつ他の人々(例えば軍人恩給や共済年金)と差別的であることにもとづきます。いうならば「少なからずを憂えず，ひとしからずを憂える」という平等原則違反を追及する高齢者の気持ちがあったと言えます。それほど国から支給される年金について高齢の人々は特別の意味を持たせていたと言えます。私が宮公訴訟で国側の証人として出廷した元参議院議長の国会議員に質問をしたとき，同証人は自分の母親が福祉年金をもらえるようになったことを非常に喜んでいたことを証言していました。同証人によれば，自分が母親に小遣いとしてあげている数分の一の福祉年金であるにも関わらず，国からもらった年金の方が数倍価値があると述べていたほどです。それほど年金は高齢者にとってみると待ちに待った，国家からの支給であったと言えます。いうならば，そんな価値のあるお金を差別するのがけしからんという思いが高齢者にあったとみることができます。

前記の裁判例にみるように，年金支給の有無とその金額は老後の生活設計の上で大事であるばかりでなく，自分が国から認められた存在であるということも関係しています。それゆえ高齢の人にすれば子どもの世話になって，子どもの生活をダメにしないかとの遠慮をすることなく，年金で生活できるようになることに特別の思いを持っていたと言えます。

5 老人医療費の無料化

イギリスは戦後，ベバリッジ報告などの影響もあって「ゆりかごから墓場まで」と国民が安心して生活できる社会保障プランを策定し，医療費については全額国庫負担です。日本のサラリーマンの多くは協会健保や組合健保などに加入しています。協会健保や組合健保は，ある時期までは本人は無料，家族は5割負担でした。国保も当初は5割でしたが，その後3割負担となっています。健保の関係で注視すべきは，病院だけでなく，歯科も国保などの対象となり，

大勢の人々が安心して医療と歯科の治療を受けられるようになりました。岩手県の沢内村の深沢村長は，村から高齢者が病気などで消えていく状況を改めたいとして，昭和30年代に65歳以上の高齢者の医療費を無料化としました。この沢内村の動きは昭和38年の老人福祉法の制定と相まって全国に波及しました。昭和40年代になると，住民の生命と暮らしを重視する東京の美濃部都政，横浜の飛鳥田市政などの，いわゆる革新自治体では65歳以上の高齢者の医療費を公費でカバーする老人医療費の無料化に踏み切りました。この流れは全国の自治体でも実施され，昭和48年，田中内閣は福祉元年を掲げて老人福祉法を一部改正して，70歳以上の老人医療費を公費負担として原則無料化に踏み切りました。老人医療の無料化に関する政府の提案理由は

「今日，老齢人口の増大，扶養意識の減退などにより，老人問題は国民が一体となって取り組まなければならない喫緊の課題となっていることは既に御承知のとおりであります。政府といたしましては，この国民的課題である老人問題に対処するため，従来より老人福祉法を中心として，年金，税制，保険，福祉等各種にわたる施策の充実に努めてまいったところでありますが，医療の問題については老人の負担能力が十分でないため，必ずしも適切な医療が確保されていない憾みがあったのでありまして，その点医療の無料化により，老人に必要な医療を保障する方策が強く望まれていたところであります。今回の改正法案はこのような要請に応えるため，老人医療費の支給の措置を講じ，もって国民皆保険のもとにおいて老人が必要とする医療を容易に受けられるようにしようとするものであります」

としています(小川政亮『社会事業法制』第3版，ミネルヴァ書房」)。福祉元年の動きは高齢者に希望をもたらしました。

6 高額療養費

老人医療費の無料化とともに大きな医療費制度の改善としては，昭和48年に決まった高額療養費の制度があります。この制度は医療費の自己負担の限度額を仮に月3万円とすると，その超過分（月3万円を超える分）を本人へ償還するというものです。従来の国保では本人負担が3割ですので，1万円の3割だと3,000円で済みますが，これが100万円の医療費だと自己負担は30万円になります。

表4—1

（平成27年1月診療分から）

所得区分	自己負担限度額	多数該当
①区分ア （標準報酬月額83万円以上の方）	252,600円＋（総医療費－842,000円）×1％	140,100円
②区分イ （標準報酬月額53万円～79万円の方）	167,400円＋（総医療費－558,000円）×1％	93,000円
③区分ウ （標準報酬月額28万円～50万円の方）	80,100円＋（総医療費－267,000円）×1％	44,400円
④区分エ （標準報酬月額26万円以下の方）	57,600円	44,400円
⑤区分オ （低所得者）（被保険者が市区町村民税の非課税者等）	35,400円	24,600円

出所：高額療養費・高額介護合算療養費／健康保険ガイド／全国健康保険協会。

表4—2

○ 70歳以上75歳未満の方
（平成27年1月からも変更はありません）

被保険者の所得区分	自己負担限度額	
	外来 （個人ごと）	外来・入院 （世帯）
① 現役並み所得者（標準報酬月額28万円以上で高齢受給者証の負担割合が3割の方）	44,000円	80,100円＋（医療費－267,000円） ×1％ （多数該当：44,400円）
② 一般所得者 （①および③以外の方）	12,000円	44,400円
③ 低所得者　Ⅱ※1)	8,000円	24,600円
③ 低所得者　Ⅰ※2)	8,000円	15,000円

※1）被保険者が市区町村勢の非課税者等である場合です。
※2）被保険者とその扶養家族すべての方の収入から必要経費・控除額を除いた後の所得がない場合です。
注）現役並み所得者に該当する場合は，市区町村税が非課税であっても現役並み所得者となります。
出所：同，表4—1。

そうすると30万円の負担ができない人は，どんなに治療の必要があっても治療を受けることができないことになります。そこで昭和48年頃に高額な医療について本人負担の限度額を設けるようにとの要求が出てきてこの制度が創設されました。この制度を利用するには，前記の例で言えば30万円の自己負担分をいったん市町村なり病院へ支払い，後日，高額療養費を越える分が戻ってくるというものです。それゆえ一時的とはいえ30万円の支払いが必要です。この立て替え

ができないと，高額療養費の特典が受けられません。そんなこともあって最近では病院の窓口で代行してもらえるところもあり，必要書類を出せばよい場合もあります。（高額療養費の現物給付）。最近の高額療養費は表4—1，4—2のとおりです。

7 医療費と薬価

国民医療費や老人医療費の赤字や高騰に関係して，薬価の問題があります。高齢者の多くは診療をしてもらいながら複数の種類の薬をもらう人が圧倒的です。それは，高齢者の多くが病院通いをする目的の1つが，血圧や糖尿などの生活習慣病や腰の痛みなどに関係して薬をもらいに行くことと関係しています。例えば血圧などで患者が医師へ払う診療報酬が1回につき1,000円前後であるのに対し，薬局で支払う薬代は1ヵ月分相当で言うと5,000円前後です。医師の治療費よりも薬代の方がはるかに高いのが通例です。薬は昔から開発費にお金がかかるのと，特許料が高くなっています。他方，1つの薬があたると膨大な利益を生む構造になっています。「薬九層倍」というという言葉もあるほどです。そうかと言えば「毒にも薬にもならない」薬もあります。国は薬が国民生活に与える影響の大きさと薬品メーカーの利益を考慮して，薬価の改善に本格的に取り組むべきです。ジェネリックの薬の奨励もそうですが，薬の特許の期間（25年）を見直して，安い薬を提供したり，海外の薬で安全性が確認されたものについては並行輸入をして，安い商品を提供するようにするのも1つです。そうすれば医療費は大幅に減少することになるはずです。それには厚労省は薬害裁判などで問題となったように，薬品メーカーに天下りすることをやめて独立の地位を確保することです。

8 年金大改正とその後

昭和34年に国民皆年金になったものの，国民年金の金額は低いまま推移していました。とりわけ老齢福祉年金は無拠出であったこと

もあり、「孫のアメ玉年金」と言われるほどでした。そんな低い年金に他の公的年金との併給の禁止や夫婦受給制限などがついていたため、牧野訴訟や、私も関与した宮公訴訟などの裁判が提起されました。また、昭和56年になると国際障害者年は、「完全参加と平等」がテーマとなり、その後国連障害者の10年をうけて障害福祉年金は大幅引き上げに至りました。昭和60年の年金大改正では、基礎年金制度が導入され、障害福祉年金が障害基礎年金、国民年金が老齢基礎年金に変わり、老齢基礎年金は生活保護の生活扶助が基本になるとされたように、生活できる年金の方向が志向されました。昭和60年の年金大改正で基礎年金を分母、報酬比例部分を分子とする2階建ての年金制度が確立され、日本の年金制度は大きく変わりました。また、厚生年金が60歳から65歳に、厚生年金の保険料の段階的引き上げ、将来受け取る年金が現行の水準の2／3程度になる方向が出されました。昭和60年の年金大改正で看過してはならないもう1つの出来事に、それまで専業主婦の6割ほどが任意加入していた国民年金を強制加入とし、その代わり、保険料を無拠出としたことです。これによって国民皆年金の趣旨はさらに徹底したと評することができます（ただ、稼得能力のある主婦が何故、無拠出かは根拠が不明です）。さらに、平成19年になると、離婚に伴っての年金分割制度が導入され、専業主婦の人なども基礎年金以外の分子の報酬比例部分について最大1／2の年金分割が可能となりました。その後、2015年5月から6月にかけて、日本年金機構の個人情報（氏名・住所・基礎年金番号など）が125万件以上、外部に流出したなどしてマスコミを騒がせています。旧社会保険庁時代にも2,500万件の「消えた年金」が社会問題となり、「解体」して年金機構に改組された経過があります。年金機構などのその後の対応をみていると、この人々の倫理観、使命感はまことに低いレベルにあります。こんな鈍い対応で、高齢者の将来の生活をこんな人々に任せて本当に大丈夫かとの不安を持つ人々は多いかと思われます。

9 財産権としての年金

 ところで,日本の社会保険は国民皆保険・皆年金制度以来,50年以上の年月を経ています。国民は年金を老後の生活の原資とし,健康保険で病院通いをし,その結果もあって人生90年時代を迎えることができたと言えます。日本の社会保障制度は多くの問題を抱えながらも,確実に国民生活に定着してきています。国民が30,40年と長期に保険料を支払ってきたのは,老後の生活の安定を求めてのことです。生活苦にあえいで無理心中や自殺,そして餓死や孤独死をしなくてもよいようにとの思いからです。アメリカのニューディール時代の最高裁が,ニューディール立法に関し,国が税などを徴収するのは国民の財産権を侵害するものだとして違憲判決を出したことがありました(尾形憲『福祉国家と憲法構造』など)。それが時代に逆行する判決であったものの,社会保障を受ける権利が財産権という考えに立つならば,毎月受給する年金は紛れもなく財産権です。今日の高齢者の過半数は年金のみを原資として生活設計を立てています。これを正当な補償もないのに奪うのは,高齢者の財産権の侵害であることは明らかです。それほど憲法29条の財産権は重要です。今日の日本政府の社会保障の削減・年金の削減・病気,介護の自己負担の増大は当初の国と国民の契約を破るものです。このことについて日本の研究者は財政難だからやむを得ないとする政府の主張を十分な検証なく受け入れており,憲法29条と憲法25条の関係について本格的な検討を全くしていません。少なくとも年金立法を制定するとき,毎月保険料を30年なり40年,積立てたならば60歳からあるいは65歳から毎月の積立額の2倍とか3倍を年金として支払うという,しかも死ぬまで生活できる年金をもらうことができるという制度設計があったからこそ国民はそれを信用して強制加入に賛成したはずです。日本国民は「お上」を信用しています。そのお上が当初の約束が守られないことがあると最初からわかっていれば,国

民は強制加入に反対したはずです。何故ならば、約束が履行されない年金の保険料を支払うことは、毎月の賃金を実質上減らすことを承認するのに等しいからです。そんなことを国民は認めるはずがありません。場合によっては社会保険に入るより民間の保険に加入した方が、有利ということにさえなりかねません。今後、この問題をめぐって大きな論争になることは必定です。

また、かつて銀行の金利は年5％前後であり、300万円まではマル優でした。1,000万円の退職金を銀行に預けた人は月に4，5万円の利息が付きました。そのため年金に退職金の利息をプラスすると、何とか暮らしが成り立っていました。しかし、現在の預金金利はバブル崩壊後の銀行の救済もあって0.2％前後です。いまや高齢者は年金も銀行金利もあてにできない状況に置かれています。

10　無年金者の救済を

私は平成10年頃から学生無年金障害者の裁判に取り組んできました。その時、いろんな事情で年金を受給できない人が大勢いることを改めて知りました。2014年11月28日の朝日新聞によると、65歳以上で無年金の人が約42万人いるとのことです。その主な要因は、国民年金は25年間保険料を支払うことを要件としているため、その要件を満たさないためです。10年未満の人が59％、10年以上15年未満の人が19％、15年以上20年未満の人が15％とのことです。これが10年の資格要件になると、17万人が救済されるとのことです。昭和34年に国民年金法が制定された時、25年の期間を満たさない人に、無拠出の老齢福祉年金が支給されたり、10年年金なども制定されて、国民皆年金に努めました。そうであるとすると、いろんな事情で25年間の保険料の要件を満たせない人に対して、10年年金、15年年金があってもよいはずです。現にドイツは5年、イギリスは10年未満でも年金を支給しています。

11　更生医療

　障害者の中には毎日・毎月のように医療的ケアがなければ生存さえ維持できない人がいます。そのための治療費は巨額になります。例えば，腎臓病の患者は内部障害者ですが，昭和40年頃まで人工透析の治療費は健保の適用がなかったため，「金の切れ目が命の切れ目」と言われるように田畑を売却して死んでいく人がいました。しかし，患者団体の強い要求で，人工透析が健保の適用になり，患者は少しは楽になりました。人工透析は週に2回ないし3回ほど透析で病院に通い，1ヵ月に50万円ほどの医療費がかかるとされています。それゆえ，3割負担になっても毎月15万円の自己負担がかかります。普通のサラリーマンが衣食住の他に毎月15万円を負担するのは容易ではありません。そんなことで腎臓病の患者団体から3割負担を国庫負担にして欲しい，自己負担をゼロにして欲しい旨の運動が起こされて，ついに昭和47年頃に自己負担がゼロになりました。また，人工透析の患者の多くは社会で働きたいとの希望を持っていることもあって，夜間透析が認められるようになっています。人工透析を受けている患者の多くは，一級の障害者です。前述した高額療養費にしても，障害者の自己負担の解消としての更生医療費は国民の生存権要求の運動で国民が勝ち獲ったものと言えます。その後，人工透析患者の多くは高額療養費の例外規定の扱いを受けて事実上，自己負担はなくなっています（なお，更生医療は障害者総合支援法後，自立支援医療となっています。なお，場合によっては1万円の自己負担が発生します）。

12　高齢者と医療費

　昭和57年に政府は老人保健法の成立を契機に健保組合などにも費用負担してもらう方向に舵を切りました。70歳以上の高齢者については別枠の保険と医療の制度を設けたのと，老人医療に上限を定め

る定額制(マルメ)を導入しました。老人病院と老人保健施設を新たに制度化し、療養担当規則を改めて高齢者が長く入院していると保険点数が低下する方向にしました。その結果、病気が治ってもいないのに、2ヵ月ほど経つと病院から高齢者が追い出されるという現象が全国各地で生じました。また、政府は老人病院と老健施設を2,000年4月の介護保険実施に伴って医療保険から介護保険へ切り替えて、医療費の大幅減を実行しました。しかし、世界に例を見ない日本社会の急速な高齢化は7％から14％、そして25％となり、今日では約28％近くになっています。その結果、必然的に高齢者の医療費の増大をもたらしています。国は老人保健法を2008年度から改正し、後期高齢者(75歳)医療制度を設けました。75歳になったとたんに保険料が増額になったり、負担が増額になる人が出ています。今日の後期高齢者の医療制度は75歳という年齢で区切ることの合理性と相まって、あたかも長生きすること自体が罪であるかのような負担増となっています(福祉国家構想研究会編『安倍医療改革と皆保険体制の解体』大月書店)。また近時、介護保険料について65歳以上になると世帯単位で国保と介護保険の保険料を徴収していた制度を改めて、年金から介護保険料を夫婦別々に徴収する制度にしました。その結果、夫婦の単位で見ると介護保険料の増額をもたらしています。次々と高齢者の負担を強化する国の医療と介護の政策は、高齢者の生存を軽視するものと言えます。

13　保険外の諸費用

今日の医療制度は改善されてきた部分と個人の負担が強化されている部分があります。病気になると健康保険に加入していると7割は健康保険で負担しますが、3割は自己負担です。しかし、病気になると前記3割の自己負担以外にいろんな費用がかかります。例えば入院して1人部屋や2人部屋に入ると、差額ベッド代が徴収されます。差額ベッド代は通例は1日1万5,000円ぐらいから5,000円

ぐらいまで様々です。10日も入院していると差額ベッド代は15万円，1ヵ月では45万円になります。また，入院中の食事代は，かつては保険の適用になっていましたが，今は1食あたり260円の自己負担ですが，今後は1食当たり460円となる予定です。なお，65歳以上の高齢者は，介護保険施設と同じく1食あたり460円です。この点でも高齢者の負担が重いと言えます。また，基準看護の病院であっても，様々なことで付添の家政婦さんにお願いしなければなりません。病院によっては手術をしてくれた医師に礼金を支払うことが慣例化しているところもあります。さらに，通院するにあたっても，交通費も大変です。そんなこんなで健康保険以外にいろんな自己負担が必要です。そのため，入院時の費用負担を少しでも減らそうと，多く人の人は民間の生命保険や損害保険に加入しています。お金のない人は差額ベッド代のかからない大部屋に入院するか，大部屋が空くのを待たざるを得ず，場合によっては治療の時期が遅れることにならざるを得ません。また，貧しい人の中には健康保険料を支払っていないため，保険証をもらえていない人がいます。保険証がなければ全額自己負担です。これでは病気になっても病院へ通えないことになります。せめて低所得の人には生活保護を受けていなくてもこれに準じて全額公費で簡単に利用できるシステムが考えられるべきです。

14　提　言

　今日の高齢者の5割前後は年金のみで毎月生活しているとされています。年金の額が月18万円から22万円とされていますから，多くの人々は生活保護家庭よりは若干多くの金銭で生活していることになります。ただ，生活保護家庭は衣食住の生活扶助，住宅扶助に加えて医療扶助，介護扶助が出ます。これに対し年金生活者は毎月の年金から死ぬまで健康保険料や介護保険料を支払わねばなりません。さらに病気になったときは3割の自己負担や差額ベッド料，各

種の実費を負担しなければなりません。介護保険の利用者は衣食住の他に1割の自己負担金を支払わねばなりません。介護保険のサービスだけで不足するときは上乗せ,横出しのサービスを全額自己負担(月10万円前後)せざるを得ません。それゆえ高齢の人が在宅で病院に通いながら介護サービスも受けるとなると,毎月3万円前後の費用がかかります。高額の費用がかかる病気のときは,高額療養の制度を利用しても,月に数十万円の費用がかかります。以上のように考えると,月18万円から22万円前後の年金だけでは医療・介護の費用負担を考えると到底生活できないことになります。年金生活者から保険料や自己負担をとる現行の医療と介護のシステムは抜本的に検討すべきです。日本が世界的に見ても長寿社会になったのは,食事と医療の進歩並びに,誰もが保険証1枚で全国どこででも治療を受けられるようになったことがあります。その病院での治療に今,赤信号が点っています。その1は75歳以上の後期高齢者の医療費の負担が1割から最大3割になること,その2は老人病院や老健施設では上限があって十分な治療が受けられずにいること,その3は入院中に各種の自己負担(食事・差額ベッド代など)が増えていることです。特にその1とその3は,費用負担ができない低所得の人の病院離れを招くことになります。また,高額療養費の上限の変更は個人負担の増加にも連なり,益々低所得の人は病院にかかれなくなる恐れが大きくなります。

そこで,日本の従前の経過(老人医療費の無料化,高額療養費,後期高齢者の1割負担など)を考えて,次のように高齢者の年金や医療費の自己負担及び保険料について提言します。

① 70歳から75歳までの医療費は1割負担
② 75歳以上は医療費は無料とし,本人負担もなくす。
③ 年金以外に収入のない65歳以上の高齢者からは健康保険料や介護保険料を原則として徴収しないこと。
④ また,年金の額は生活できる年金にすることです。具体的には

老齢基礎年金の額は生活保護の住宅扶助・生活扶助の水準を上廻る年金額にすることです。
⑤ 障害基礎年金額（2級）は現行のように老齢基礎年金と同額とするのではなく，生活保護と同じく障害者加算した金額とすることです。

第3節　在宅介護・施設介護と負担の軽減・免除
――世話と権利の相違――

1　介護保険と公的責任の後退

1998年12月，国は高齢者の生存に直結する介護について介護保険法を制定しました。しかし，介護保険の制定経過を見ると，何故，北欧のように税金ではなくドイツの社会保険なのかの論議は極めて低調でした。国はマスコミ（NHKなど）を通じて深刻な介護の実態を流しつづけ，早期に対策をとる必要がある旨を強調していました。その結果，40歳以上の高齢者は毎月4,000円前後の保険料の支払いと，利用するときに1割負担をすることになりました。このことは介護保険の利用者が増大すると，本人の負担が著しく増加することになります。

65歳以上の高齢者は要介護認定を受けたならば，ケアマネのケアプランにもとづき各種の介護サービスを介護サービス契約を結んで利用できるようになりました。ただ，契約は申し込みと承諾で成立しますので，判断能力のない高齢者はそもそも契約を結ぶことができません。そのため介護保険と同時スタートで民法の禁治産制度を改正し，成年後見制度をスタートさせました。

そこで介護保険になってから，国の経済負担の仕組みがどうなったかについて述べます。措置の時代には介護の問題について国は1／2，都道府県1／4，市町村が1／4の費用負担をしていました。

介護保険になってからは国は1／4，都道府県と市町村は1／8となり，残りの1／2を介護保険料と自己負担の1割で介護事業を実施することになりました。その意味で介護保険が実施されてからは国などの財政負担の割合は，措置の時と対比して約半分になっています。また，介護保険実施後は自治体は毎月の保険料の徴収と要介護認定をするだけであり，原則として介護サービスの提供には責任を持ちません。それゆえ行政は誰が，地域のどこで，どんなサービスを受けているかに関心を持たなくなりました。自治体の介護への関与がなってから，貧しいために介護サービスを受けられずに認知症の人が虐待されたり，孤独のうちに死亡するという例も続出しています。その行政の後退部分を近隣の人や成年後見人や苦情解決の第三者委員，オンブズマンなどでカバーしています。しかし，福祉国家にあっては高齢者の生命・身体の安全を守る責任は国と自治体にあります（拙著『措置と契約の法政策と人権』創風社）。

2　介護保険制度の問題点

　介護保険は2,000（平成12）年4月から実施しています。国は300に及ぶ政省令などを2,000年3月末日に発表しました。それゆえ介護保険実施の前日まで，国民はその全体像が不明だったことになります。当時特別養護老人ホームの理事長をしていた私は，毎月入る措置費に代わる介護保険料が請求方式になったため，4月から措置費が入らなくなって慌てふためいた記憶があります。また，介護保険は率直に言えばドタバタの形で制定されたため，3年ごとに介護報酬その他が変わることになっています。この13年の間に介護報酬が下がったり，2005年の改正で食事代などが保険適用外になったり，介護保険料が上がったりと大きな変化がありました。そして2015年4月からは再び大きく変わります。私が監事をしているUビジョン研究所（本間郁子理事長）のニュース（平成27年3月20日号）によれば，特養ホームは平成27年4月以降，下記のように変わります。

「特養ホームは重度を重点的にケアする施設としての役割を担うため，要介護度3以上の入居となる。また，年金収入が単身で280万円以上，夫婦で359万円以上の人は自己負担が1割から2割に増え，さらに預貯金が単身で1,000万円，夫婦で2,000万円を超える人は特養ホームでの食事や部屋代の減免（段階区分3までに適用）が使えなくなって全額負担になる。

一方で介護報酬は平均2.27％，引き下げられる。これにより，厚生労働省の試算によれば介護報酬の原資を担う介護保険料は65歳以上は月額平均5,000→5,500円程度増え，40歳から64歳までは年額平均1,000円程度減る。

特養ホームの利用料については，全国老人福祉施設協議会によれば，第4段階要介護5の人は，4人部屋で現在の30,300円から29,670円（630円減），個室は31,530円から30,720円（810円減）に下がる。ただし2015年8月から一定所得以上の人は食事や部屋代の徴収が始まり負担は4人部屋で14,100円前後増えるという。

事業所にとっては介護報酬2.27％引き下げられることによって，人件費が60％を超えるところは不安が増大し削減の方向に行く可能性がある。さらに稼働率が経営状況に大きな影響を与えることから，今までの経営状況の問題点を把握し，対策に取り込んでいく経営者の改革力が求められる。処遇改善加算が強化され介護職員の給与が月12,000円をめどに増えることになっているが，きちんと給与に反映させているかのチェック機能も強化される。ただ他の職種，看護師や生活相談員，栄養士，ケアマネージャー，事務職員などの給与は処遇改善加算の対象外のため，モチベーションを下げないためにどれだけ他職種の給与をもアップできるか，経営者は厳しい決断が迫られる」

としています。2015年6月13日の『朝日新聞』には，介護を利用するにあたって預金通帳のコピーを提出するよう自治体が通知を出した旨述べられています。江戸時代の高利貸しが貧しい家の人か

ら「布団」を剥ぐやりかたに似ています。

3　地域包括支援センター

　介護保険が実施されてからも虐待が減少しないため，国は介護保険法を改正し，地域包括支援センターを立ち上げて，これを防止しようとしました。このセンターは人口2，3万人（65歳以上の高齢者3,000人ないし6,000人が目安）に1ヵ所の割合で作られています。スタッフはケアマネ，保健師，社会福祉士です。地域包括支援センターの任務は　①　総合相談支援，②　権利擁護，③　包括的なケアマネジメント，④　介護予防ですが，その主要な任務は権利擁護です。権利擁護とは，高齢者の生命・身体・財産などを含めて，利用者が要介護状態になっても人間らしく生きる状態の実現を指します。現在のところ地域包括支援センターの役割は虐待対応や介護予防などが中心になっていますが，本来の任務は高齢者が要介護状態になっても自分らしく生きるためのアドバイスなどを行うところにあります。それには地域包括支援センターの職員は地域の高齢者世帯との結びつきを強め，どんな介護が望ましいかを考える必要があります。しかし，自治体によっては地域包括支援センターを公務員に担当させず，特別養護老人ホームなどを運営する社会福祉法人に委託しているところがあります。これでは行政の職員はいつまで経っても高齢者の権利擁護に習熟せず，虐待案件にも適切に対応できないと言わねばなりません。

4　介護サービスの種類

　平成12年から実施されている介護保険で受けられるサービスとしては，大別すると在宅と施設のサービスがあります。在宅サービスとしては訪問介護，訪問看護，入浴などのサービスがあり，施設サービスとしては特養ホーム，老健施設，老人病院などの3つのサービスがあります。

在宅で生活するには衣食住の費用の他に介護サービス料が別の負担となります。また，横出し・上乗せのサービスは，全額自己負担です。それゆえ相当程度の収入が本人や家族にないと，在宅での充実した介護の継続は無理です。介護保険では要支援・要介護状態に応じて1ヵ月に受けられるサービスの料金が違います。これに対し，施設サービスは24時間のサービスが期待できます。費用も特養ホームですと割安感があります。

他方，在宅介護を受けながら利用できる施設のサービスとしてショートステイとデイサービスがあります。在宅で介護をしている人の中には親族に葬儀などが発生したり，旅行に行く必要がある場合があります。そんな時には特養ホームのショートステイの利用がお勧めです。ショートステイは1ヵ月くらい前に予約すると3日から1ヵ月ぐらいの期間で利用できます。ただ，老人ホームはショートステイの枠が5室とか10室となっているため，申し込んでも直ちには利用できない場合があります。また，デイサービスは1週間に3回ぐらいの割合で7時間前後，老人ホームの広い部屋を使って各種のサービスを受けられます。デイサービスの施設では入浴もできますので，高齢者には人気が高く，家族にとってはその間に自由な時間ができるので安心です。

5 介護事業者の選択の目安

介護を要する状態になった時，在宅介護をするか，施設で介護をするか，どこの業者を選択したら良いか迷うことが多いと思います。そんな時にどうしたら良いかです。情報がなければ本人及び家族はケアマネや地域包括支援センターのアドバイスなどを参考にして事業者の選択の決断をすることです。その際に考慮すべきことは4つあります。

1つは各施設の費用であり，2つは入所できる期間に制限があるかないか，いったん入所したならば最後まで利用できるかです。そ

して3つ目は各施設の専門（有資格者）職員の配置状況を考慮することです。そして4つ目は同じ特養ホームなり、老健施設でもその専門性について各施設ごとに一長一短があります。そこで、予めどこの施設のどんな点が良いかの情報をよく集めることです。具体的には施設長の人柄、第三者評価、ホームページ、事業計画や事業報告などを見ることです。また、老人ホームは大別すると ① 要介護状態の人が利用する特別養護老人ホーム（特養），② 自立型で生活困窮者が利用する養護老人ホーム，③ 自立型の軽費老人ホーム（A型，B型の違いは自炊か否かです），④ 有料老人ホーム があります。ここでは介護保険の関係で ① と ④ を中心に述べます。

6 特別養護老人ホーム

特養ホームを希望する家族は多いのですが、施設数が絶対的に不足しており、現在約52万人が待機していると言われています。介護保険実施前の大半は複数部屋（2人ないし4人）でした。介護保険実施後はユニット型という個室のタイプです。ただ、ユニット型は通例の特養ホームと比べて利用料金が高い（例えば1ヵ月15万円前後）という難点があります。特養ホームの利用者と職員の配置割合は1対3です。また、特養ホームにはグループホームや小規模多機能の施設と比べて共用スペースがあります。具体的には集会室、談話室等の老人同士の「いこい」の場や老人の自立を高めるための設備や自立訓練のスタッフもいます。そのため特養ホームは3.11の地震・津波などの非常時の時、多くの高齢者を共用施設などで受け入れることができました。

また、介護保険の関係で言えば特養ホームは老人病院などに比べて費用が半額前後であることや、入所の期間は終身です。24時間365日、専門家による介護をしてもらえるとあって大変人気です。都市部のどの特養ホームでも待機者が100人前後います。そのため、多くの人は幾つかの特養ホームに同時に申し込みをし、空きができ

た時に入所しています。また，特養ホームは生活の場ですので1年を通じていろんな行事が執り行われています。正月，3月のひな祭り，4月のお花見，秋の紅葉，そして家族会の集まりなどがあります。これまで不自由なひとり暮らしをしていた人の中には特養ホームは「天国」だと述べる人がいるほどです。特養ホームに入所できる人は，原則として要介護度3以上の人であり，最近は要介護4とか5と重度化しているのと，90歳前後と高齢化しています。また，特養の利用者の中にはひとり暮らしで家族がいない人が少なからず入所しています。そのこともあって生活の場である老人ホームで最後を過ごしたいという人がいます。そんな人を対象にして，特養ホームで「看取り介護」を行っています。ちなみに看取り介護とは，介護スタッフに看取られながら，そこで死亡するという選択をした人々を対象にした介護の方法です。

7　有料老人ホーム

有料老人ホームが一定の人気を呼んでいる背景には次の諸点があります。①特養ホーム等の公的施設は数が少ないことや，②特養ホームの少なからずは「山火事注意」などの看板のある郊外にあること，そして③居室の空間が極めて小さく，複数部屋でプライバシーが守れないこと，④近時の「中流意識」の中で高齢者にも一定の余裕が生まれ，居住環境の快適さを要求する人々が増加していることなどがあります。有料老人ホームは介護保険では在宅の扱いとなっていますが，実質は特養ホームなどと同じく施設です。少なからずの高齢者は自己の持ち家等を処分して有料老人ホームの一時金を作って入居しています。しかし，有料老人ホームに入るには安いところで200万円位，高いところだと5,000万円から1億円前後の一時金と毎月30万円前後の食事代などが必要です。有料老人ホームには大別すると元気な人が入居するタイプのそれと，最初から要介護認定を受けた人が入る特定施設型の2つのタイプがあります。前者の

タイプでも要介護認定を受けたならば介護室などで介護するホームが大半です。そのため、有料老人ホームに長期に（例えば95歳とか100歳）入居していると手持ちの資金がなくなり、有料老人ホームから退去せざるを得なくなる人も稀にいます。

　私は特養ホームと有料老人ホームの相談に乗っています。その関係で言えば、有料老人ホームは職員の配置が1対3より多いこと、職員の言葉遣いやマナーが良いこと、施設長が利用者の動向をよく知っていることが特徴です。また、有料老人ホームには個室の中に簡単な台所と風呂があったり、共同浴場に週に3回ないし4回入れるところが多いと言えます。その意味で「金はタダでは取らない」という原則が生きています。ただ、有料老人ホームは10人規模のものから、100人前後の利用者がいる施設まで実に多様です。実質は有料老人ホームなのに、無届けのホームや無届けのマンションも少なからずあります。率直に言えば、3,000万円前後の一時金を支払う施設で、全国有料老人ホーム協会に加入しているホームであればある程度信用でき、かつ介護サービス・食事のサービスなどを含めて安心できる場合が多いと言えます。また、有料老人ホームに入る場合には、なるべく街の中にある有料老人ホームを選ぶことです。買い物に行けたり、映画や芝居に行けたり、病院が近くにあることも大切です。これに対し、富士山や海の見える有料老人ホームが良いという人もいますが、富士山などはたまに見るから美しいと感じるのであって、毎日見ていると飽きるという人もいます。実際、景色の良いところの有料老人ホームに入ったものの、数年で再び街の中に引っ越してきたという人もいます。

　有料老人ホームでトラブルが多いのは、途中で退所したり、死亡したりした時の入居一時金の返還です。今日では90日以内に退所した時は原則として入居一時金は全額返還することになっています。それ以外の場合は平均余命などを計算して、大体10年前後入居していたならば、一時金は償却されて戻らなくなります。これは契約書

に償却の方程式のようなものが記載されていますので，よく読むことです。また，有料老人ホームは，経営主体如何によっては倒産ということもあります。

8 老人保健施設など

昭和57年の老人保健法の制定以後，介護などを要する人が入る施設としてできたのが老人病院と老人保健施設です。これらの施設は高齢者は慢性疾患の人が多いという理由で医師・看護師などのスタッフを普通の病院に比べて著しく減らしてできた施設です。老人保健施設，通称「老健」は特養ホームと老人病院の中間施設と事実上なっています。いうならば自宅では介護ができない，さりとて病院に入るほどでもない患者が多く利用する施設が老健であり，老人病院です。老健施設は，通例は1ヵ月に15万円ほどかかり，原則として3ヵ月程度の期限付きです。但し，最近はそのような制約は事実上なくなっており，10万円前後の施設もあります。老健は医師と看護師が常駐していますので，特養ホームなどに比べると病状悪化の際も安心と言えば安心です。ただ，老人病院や老健は薬などの上限が定まったマルメです。少なからずの人は老健を特養ホームの待機期間として利用しているようです。特養ホームと老人病院のメリット，デメリットを総合的に考察する必要があると言えましょう。

9 その他の施設

老人ホーム以外に高齢者が介護保険で利用できる施設として，認知症の人が利用できるグループホームや小規模多機能の施設があります。これらの施設の多くは個室です。少人数の施設（例えばグループホームは最大9人）であり，アットホームな感じがします。利用にあたっては要介護認定などを受けていることが利用の条件となっています。料金は毎月15万円前後かかります。また，最近はサービス付き高齢者住宅やケアハウス，シニア向けの分譲マンションな

どもあります。どんな施設をいつ利用したら良いかはケアマネとよく協議することです。施設が街の中心にあるか，病院との連携はどうなっているか，介護スタッフの利用者への接し方，そして毎月の費用などを総合的に判断して決めることです。小規模多機能やグループホームを社会福祉法人の特養ホームが運営していれば，特養ホームに空きが出た時の情報が入りやすく早く入居できる場合が多いかと思います。

10 利用者の負担

　介護保険実施前に特別養護老人ホームを利用していた人の6割から7割は，年収100万円以下であったのが実情です。介護保険が実施されてからは毎月の保険料負担と1割の自己負担のできない人は特養ホームを事実上利用できなくなっています。低所得の人も安心して介護サービスを利用できるようにするには，保険料負担と1割負担を大幅に軽減するか，免除することです。医療と介護は人間が生きていくうえで不可欠です。これの利用が経済能力で差があるのは不平等です。他方，高齢化社会の進展に伴って，介護サービスを受ける人が年々増加しています。そのため，国は介護保険料を毎年のように値上げし，2015年8月からは1割負担を2割負担になる人も出てきています。つまり，国は介護について国庫負担を大幅にアップすることなく，本人負担の増額で対応しようとしています。私は医療と介護は人間の生存に不可欠である以上，北欧諸国と同じく原則，国庫負担で対応すべきだと考えています。イギリスは医療については原則無料です。日本でもかつては老人医療費は無料の時がありました。40年前に可能であったことが，経済が飛躍的に成長している今，日本でできないことはありません。国は大勢の孤独死と虐待を生んでいることを国は深刻に考えるべきです（拙稿「介護保険制度と社会福祉」『法と民主主義』2002年 No. 366）。

11　施設から在宅へ

　北欧諸国では20世紀後半から施策をなくして介護は在宅で行う方向になっています。北欧は街の中に施設があったり，個室でした。それでも，北欧では在宅の方向へ政策を転換しようとしています。これは施設での生活はどうしても画一的になり，一人ひとりの個性に応じた生活はできないというところに由来します。日本政府は介護保険を在宅介護を中心に行うことを想定し，施設の介護を重視していません。しかし，国は介護保険実施後も在宅介護に必要な条件整備（ヘルパーの増員・住宅の改造など）を積極的に行いませんでした。ひとり暮らしで重度の要介護状態の人は，排せつ・食事・入浴などの介護さえ十分にできずにいます。また，3大介護に限らず，少しでも充実した在宅介護を求めるとなると，介護保険の適用のない自己負担で対応せざるを得ません。そうなると多額の自己負担がかかり，低所得者ではとても在宅介護で過ごすことはできません（拙著『介護保険法と老人ホーム』創風社）。

　いずれにしても，施設から在宅への流れのねらいは，施設での介護は金がかかるため，在宅ならば個人負担で済み，国の費用負担が安上がりで済むというところにあります。日本の政府の在宅重視の考えは，北欧諸国のノーマライゼーションの考えとは異質なものです。人間を重視するか，財政を重視するかの違いです。

　他方，施設を利用する本人や家族にすると，費用の点でも，24時間介護の点でも，終身介護の点でも消費者被害防止の視点からも，施設での介護の方が安心だということがあります。また，有料老人ホームを利用する人の動機の多くも，要介護状態になったとき，在宅での生活は家族に迷惑をかけるので嫌だというところにあります。ただ，そうは言っても自ら望んで老人ホームに入居したいわけではない人もいます。在宅での介護が大変なために家族が施設への入所を決断した場合です。そんな状況で入所した高齢者の中には，「家に

帰りたい」と毎日のように大きな声で叫んでいる人もいます。そのような人の存在を考えると、安価な費用での充実した在宅介護の必要は大きいというべきです。

12　介護サービスの質

　介護保険法が制定される時に、国はさかんに介護が契約になることによって、利用者の人権が保障され、ケアプランにもとづいて良質なサービスが提供されるとしていました。確かに介護保険は措置の時代の画一的な介護と異なって個別・具体的な介護をケアプランにもとづいて行うことを想定しています。私自身も日弁連の高齢者の委員会の責任者の一人として、平成12年の介護保険実施時に「介護サービス契約のモデル案」を作成し、個々の利用者の権利が護られるように努めました。しかし、問題は制度の設計や契約書の内容とともに、実際に介護サービスを提供する職員の専門性が十分かということがあります。国は介護保険実施前後を通じて、職員の能力向上のための研修プランをほとんど作成していません。そのため実際の介護サービスは介護保険前と50歩100歩というのが実態です。後述の介護事故が特養ホーム、有料老人ホームで今日でも減少していません。国はケアマネージャー・苦情解決制度・第三者評価などの制度を設けましたが、介護サービスの中核となる職員の育成や研修を実施していませんでした。前述の苦情解決の第三者委員には、本来は法律家が望ましいのですが、実情は民生委員が多かったり、第三者評価は東京以外の府県ではほとんど実施していません。そんなこんなを考えると、介護サービスの質の向上は全国的に見てこの15年でも未だ極めて不十分です。

13　介護事故について

　介護保険実施後は措置の時と比べると在宅・施設を問わず介護の利用者は大幅に増加しました。そして重度の利用者は在宅では介護

が困難なため施設に入所する人が増えています。その中で介護の専門家がいるとされる施設で介護事故が発生しています。その背景には介護の現場に介護福祉士などの国家試験の合格者が少ないことと，利用者が心身が虚弱なため，転倒・誤えんなどを生じやすい重度の入所者が増えていることがあります。2級のヘルパーや無資格の人が夜間の介護に従事している現場にあっては，介護の技術が未熟な人がます。看護師・病院などとの連絡体制が悪い施設もあります。家族にすると専門家がいる施設で転倒などで死亡したと報告されても納得できない感情を持ちます。介護現場ではケアマネによるケアプランが個別・具体的に作られ，ヘルパーらがそれを熟読して，各利用者の心身の状況に即して個別・具体的な介護が適切になされていれば，介護事故は大幅に防止できます。ケアプランが転倒などの事故のたびごとに変更され，それに関連してベッドやトイレなどにセンサーマットや見守りが強化されていれば，転倒などの介護事故は大幅に減少します。また，利用者の様子を観察して，どの時間帯で転倒（早朝のトイレなど）するかを知れば，転倒を大幅に防止できます。さらに，食事の際に誤えんが発生しても，看護師が直ちに適切に対応すると肺炎などにならずに済むケースが多いと言えます。利用者本位のサービスが展開されるためには，介護の技術・ケース記録の作成・ヒヤリハット集の作成と改善などを含めた研修プログラムが各施設で用意される必要があります。また，どんな時に看護師や医師に連絡したら良いかの施設内のマニュアルが作成され，そのマニュアルがヘルパーらに徹底されているならば，介護の事故は著しく減少するはずです。それには介護スタッフの給与を引き上げて，優れた人材が集まるようにする責任が国にはあります（高野範城　青木佳史編『介護事故とリスクマネジメント』あけび書房）。

14　虐待問題と国の対応

　介護保険が平成12年に実施されてから15年が経とうとしていま

す。この15年の間で要介護状態の人が増加し,介護保険の利用者も著しく増えました。この現実だけを見ると,介護保険は定着したとみることができます。しかし,介護保険が実施されてからも,虐待される人の数は減少していません。厚労省が発表した2013年度の虐待通報のあった2万6,272件のうち,6割が虐待とされていること,家族による虐待は1万5,731件,息子が41％,夫が19.2％,娘が16.4％となっています。また,介護職員による虐待が221件あったとのことであり,前年比42.6％増です(2015年2月7日『朝日新聞』)。この虐待の数は個人の人権を護ることへの意識の欠如,介護の社会化とは似て非なるものです。その背景には介護保険を利用するには保険料と1割負担があること,保険外の費用負担が多額にあることが関係しています。重要なことは,自治体の中に虐待対応のプロジェクトチームを作り,虐待ゼロをめざすことです。

15 提 言

介護保険は行政が責任を持っていた措置を改めて,契約にしたものです。契約は措置の持っていた画一性と硬直性を改善するのには一定の役割を果たしました。ただ,率直に言えば全国各地のケアマネのケアプランや,介護サービス契約書を見ても,誰かが作った書式を参照しているものが多く,契約制度の特性である個別具体的な契約には到底なっていません(拙稿「介護保険と介護サービス契約書について」『ゆたかなくらし』2004年5月)。また,ケアプランの内容が抽象的で,ヘルパーがケアプランどおり介護しているか,疑問なしとしません。真の意味で利用者の意向を尊重したケアプランや契約書,そして介護サービスを行うためには,介護に従事する職員の資質・専門性をさらに高めて職員の労働条件を優遇することです。

他方,現在の介護サービスが「民民」のものになったこともあって,自治体はやむを得ず措置をするとき以外には介護に関与していませ

ん。それゆえ住民がどこで,どんな介護サービスを受けているのかさえ,自治体は把握していません。介護サービス契約や介護のあり方をめぐって事業者と利用者がトラブルを起こしても,自治体は責任をもって対応していません。これでは自治体は公的責任を事実上放棄しているとみることができます。

以上の状況から ① 少なくとも全国の自治体はオンブズマンを設けて,オンブズマンが勧告したことについては自治体は事業者を監督する形で高齢者の生命・身体の安全を護り,事業者に適切な指導ができる権限を持つようにすべきです。② 自治体は利用者の入所・退所については勿論,利用者の生命・身体の安全を護る視点から,介護事故(特に死亡事故)について事業者から報告を必ず受けて,事故後の改善状況について実地に点検することです。また,③ 1年に1度は在宅・施設を問わず,利用者のところを自治体の職員が訪問をして要介護状態や健康状態を含めて近況を確認するようにすることです。さらに,④ 自治体の職員は要介護状態にあるにもかかわらず,介護サービスを受けていない人を訪ねて,家族介護などの実情を調査し,虐待の有無・介護扶助の必要性などについて検討することです。そのことによって住民の孤立死や虐待を防止できることになります。自治体は介護について入口から出口まで責任を持つべきです。

他方,⑤ ひとり暮らしの認知症の高齢者が介護サービスを利用するときには,自治体は家裁へ市町村長申立をして,後見人による権利擁護に努めるべきです。しかし,全国の自治体の中には成年後見利用支援事業の予算もなければ,市町村長の後見申立をしたことさえないところが多々あります。また,⑥ 自治体は,介護サービス事業者は勿論,成年後見人らと6ヵ月に1度ぐらいの割合で高齢者の安否と生活の状況を確認する責任があります。全国各地の介護保険の担当職員をみる限り,市役所・区役所などでデスクワークをしていて,現場を歩いて住民の健康のチェックをすることをしない職員

が多すぎます。自治体の職員は措置の時の気持ちに戻って公的責任を果たすべきです。⑦ 介護保険料は少なくとも70歳以上の人からは徴収せず，その分は国や自治体が負担すべきです。かつてのように国が1／2，都道府県と市町村の負担を増やすべきです。⑧ 最後に，自治体は本人に最も適切な介護をするために介護事業者などから要求があったら要介護認定の記録を開示し，ケアプランの策定や介護に役立てるように協力すべきです。

第5章　高齢期の財産管理・消費者被害並びに後見制度
——高齢期のリスクと認知症——

第1節　75歳以降の財産管理・消費者被害などの事故
——高齢期のリスク——

1　高齢になること

　若い時には人は自分が老いていく姿を中々予想というか想定できません。近隣の軽い認知症の高齢者の姿を見ても，若い時は他人のこととしか感じることができません。その意味で老いることを描いた映画が参考になるかも知れません。日本の古い映画では，小津安二郎の『東京物語』(1953年) は老夫婦と子どもたちの姿を，羽田澄子の『痴呆性老人の世界』(1986年) は「ボケ」老人の姿を，『八月の鯨』(1987年) は女性の老いの姿を，『ある老女の物語』(1990年) は在宅ヘルパーと老人の関係などを描いています。他に『午後の遺言状』『木洩れ日の家で』『ドライビングミスデイジー』などがあります。20年ほど前から高齢者問題は世界各国で共通の関心事です。前記の映画を見ていない人には次の川柳から高齢になることを想像してもらいたいと思います。

　① 起きたけど寝るまで特に用もなし
　② 改札を通らずよく見りゃ診察券
　③ おじいちゃん，冥土の土産はどこで買う？
　④ お迎えはどこから来るのと孫が聞く
　⑤ デジカメはどんな亀かと祖母が訊く
　⑥ ご無沙汰を故人がつなぐ葬儀場

⑦ 定年だ，今日から黒を黒という
⑧ 恋かなと思っていたら不整脈
⑨ 立ち上がり用を忘れて立ち尽くし
⑩「こないだ」と50年前の話をする
　（以上「シルバー川柳」社団法人全国有料老人ホーム協会＋ポプラ社編集部編　ポプラ社）

　前述の川柳を楽しむことができるうちはまだまだ大丈夫です。しかし，人は75歳頃から財産・健康・介護などの問題で不安がいっぱいになります。そこで75歳以後の生活設計と，そこで出てくる問題について考えてみます。

2　後期高齢者の生活設計

　75歳を過ぎると，自分の老後の問題を色々と考えるようになります。それは病気のこと，寿命のこと，家族や友人へ伝えたいこと，要介護状態になった時のこと，ひとり暮らしになった時のこと，相続や遺言のことなど様々です。はっきりしていることは，人生90年時代は人類が始めて経験する社会です。誰もが未知なことだらけです。個人の判断だけでは到底生活の見通しが立てられないのが特徴です。それゆえ人生90年時代を人間らしく生きるには，いろんな職種の人々が顔の見える関係を構築して，一人ひとりの生活を丁寧にバックアップしていくことです。このことはひとり暮らしの人々の生活援助の関係でことのほか重要です。国が個人の生活を所得・医療・介護などの面で最後まで責任を持ち，そのための専門スタッフやコーディネーターを自治体に配置することです。日本では前記のことについて自治体は勿論，国の施策が極めて不十分です。そこで老後の生活設計を各自が立てるにあたって当面考えておくべき要点について述べます。

　まず健康のことですが，75歳を過ぎたら毎年のように健康診断を受けて早期発見，早期治療に努めることです。癌は早期に発見され

れば，今日の医学では大半が治療が可能で多くの人が治癒しています。かつての抗がん剤のように，大量に投与するのではなく，今日はピンポイントの投与です。そのため副作用も少なくなっています。次に，寿命のことは誰にもわかりません。75歳を過ぎると何があってもおかしくありません。風呂に入って寝たまま死んだ人もいます。温泉で食事中に死んだ人もいます。交通事故で死ぬ人もいます。台風や水害で死ぬ人がいます。アパートで孤独死する人もいます。そうであれば75歳を過ぎたら何があってもよい「終括」の準備をしておくことです。第3に，配偶者がいなくなってひとり暮らしになる人が多くなり，そのときの対応を考えることです。それにはひとり暮らしになる前に夫婦の間で老後の生活設計を立てることです。年金の額・預貯金の件・不動産などを含めて収入と支出を検討することです。夫婦で年金を受給している時はどちらか一方が亡くなっても当座の生活に困ることはないかも知れません。しかし，専業主婦の場合は年金が遺族年金となり，減額となります。預貯金などが少ない時は，不動産を売却して軽費老人ホームに入居するか，市営や都営のアパートなどを探して90歳ないし95歳ぐらいまで生活する計画を立てることです。第4に，要介護状態になった時は，自宅での介護か，老人ホームでの介護か，それぞれの施設での費用負担は毎月いくらかをよく考えることです。在宅介護に比べると，施設介護は衣食住プラス介護であり，費用も格安です。これに対し在宅介護は介護保険の範囲ならばそんなに費用はかかりませんが，上乗せ・横出しの介護になると全額自己負担です。最低でも5年くらいは頭に入れて介護の費用負担を考えることです。第5に相続のことです。特に，2015年1月1日以降の死亡には相続税が改正され，一般のサラリーマン家庭でも持ち家ならば相続税がかかる人が増えます。相続人間で争いが生じるようでしたら遺言書を作っておくことです。配偶者には20年間の居住用不動産の贈与も視野に入れた対策をとった方がよい場合があるかとも思います。なお，認知症になった時の

財産管理が心配な人は，任意後見人を弁護士などに頼むことです。以上の老後の諸問題を自分なりに整理して書面にしておくと，いつ何があっても安心です。最後に，「老後の生活」をするのに資金が途中で不足した時は，生活保護を受けることです。生活保護を受けることを嫌がる人がいますが，生活保護は憲法25条にもとづく権利です。とりわけ，災害などの事故に遇われた方は，積極的にこの制度を利用して，少しでも人間らしい暮らしができるようにすべきです。

3 家庭・地域と高齢者

人生90年時代は，高齢者が全人口の1／3前後になります。それゆえ常識で考えると街は高齢者で溢れているはずです。かつては農家や自営業の家では高齢の人が財産の実権を握っていたため，家の中で君臨していましたが，サラリーマン家庭の高齢者は収入のない者として扱われ，寂しい生活をしています。そのためかひっそりと暮らしている人が多いようです。日本では高齢世帯が多い街や地区ほど人影はまばらです。ヨーロッパと違って日本では街の中で高齢者の姿をあまり見ません。日本の都市近郊の住宅は昭和30年代から40年代の高度経済成長の時，30歳ないし40歳の働き盛りの人を念頭に置いて作られています。高度経済成長期に住宅を購入した人は現在，全員75歳前後になっています。この人々の中には少しずつ歩行が困難になり，街の中を散歩する人が少ないのが現状です。そのうえ近隣の付き合いがあまりないため，ゲートボールやカラオケ，老人クラブにも参加していません。また，高齢者の多い街では数ヵ月・数年おきに誰かが死亡したり，病気などで長期入院したりして高齢者本人が不在がちです。また，高齢者が多くなると家族も減少するせいか，あまり買物をしなくなるのか，商店街は次々と閉鎖になっています。年寄りが多い地域に大雪（例えば2014年2月15日の東京での積雪）が降ると，雪かきをする人がいないせいか，いつまでも雪が通路に残っています。そうかと言えば，90歳を過ぎて要介護

状態になったり，介護料や医療費の負担が高くなったため，年金や預貯金で生活ができなくなり，持ち家を売却し，その代金でアパートなどで暮らしている人もいます。また最近は病院などで死ぬ人や，葬祭場などで通夜・葬儀をする人が多いため，近所の人が亡くなっても誰も知らない場合が少なくありません。最近，あの人，見かけないねと言うと，半年も前に死亡していたということもあります。農村部や大都市の高齢化率が高い地域では，空き家が多く，人もいなくなった「限界集落」に近い地域があります。そのような地域では，従来，地域で行ってきた葬儀などさえできなくなっています。そして遠方の葬祭場でひっそりと誰にも知られず火葬がされています。高齢者にとっての危機は病気や介護もありますが，街から知人がいなくなり，話し相手がいなくなることでもあります。

4　心配な財産管理

　高齢者の少なからずは日本の社会保障が病気・介護・老齢などの事故に対応するには極めて不十分なため，老後に備えて預貯金を始めとして一定の資産を持っています。その資産は年金で不足する日々の生活費の補填であるとともに，病気などをした時に備えてのものです。しかし，高齢世帯，それも80歳，90歳になってくると，歩行が困難になったり，記憶が十分でなくなってくるため，財産の管理そのものに不安を抱くようになります。最近の銀行は1,000万円までしか預金の保障をしません。それゆえ多少預金を持っている人は幾つかの銀行に分散しています。通帳そのものを家の中で分散している人もいます。認知の入った人は，家族やヘルパーが通帳を盗んだとして騒ぐこともあります。やっかいなのは，認知症が進んだ時，日々の生計は勿論，財産を管理すること自体が困難になることです。旧来は家族が父母の財産を管理していましたが，今日では子どもと親が別居している人が大半のため，それも期待できません。家族がいる場合は簡単に預貯金の引出しができないよう定期にするか，貸

金庫に通帳を預けるなどの創意工夫が必要です。ひとり暮らしを本人が望むのであれば有料老人ホームなどへ入居する契約をして，詐欺まがいの商法などから身を守ることです。地域に信頼できる弁護士がいたならば，その人との間で財産管理契約やホームロイヤー契約を結んで，いろんなアドバイスを受けるのも1つの方法です。ホームロイヤーの契約は，相談の回数などにもよりますが，月額5,000円から3万円ほどでホームロイヤーとの間で財産管理契約に加えて任意後見契約，そして遺言などをお願いしておけば，心身が不十分になった時や判断能力がなくなった時も安心です。ただ率直に言えば，前記の費用を毎月支払える人はある程度高額の所得を有している人に限られます。しかし，低所得の人にとってもお金・財産の管理の問題は重要です。この人々の財産管理を社会福祉協議会が従来の生活支援員と異なる形で無料か著しい低額でなすことが検討すべきです。

5 高齢者の孤独と悪徳商法

今日の高齢者の多くはひとり暮らしです。ひとり暮らしの人は世の中には想像を絶する悪人がいることへの理解が十分でない人がいます。例えば訪問販売による高価な着物などの販売，電話でのセールス，新株の発行，株や投資信託などの儲け話などについつい乗ってしまう人がいます。これらはいずれも老後の孤独や不安につけ込むものです。訪問販売のセールスマンは，毎日のように高齢者の家に来て悩みを聞いたり，時には肩を揉んだりします。これらのセールスマンの「親切」な行いを見て，高齢者の多くはそのセールスマンを本当に良い人だと思うようです。セールスマンは高齢者を安心させて，数百万円，数千万円の老後の資金をすべて巻き上げます。その意味で高齢になると「うまい話ほど危ない」「親切な人ほど気をつける」ことです。また，認知症になると少し先の判断や合理的な判断ができなくなって，リフォーム詐欺などに引っかかってしまい

ます。病気の不安をつかれて,高額の生命保険に加入させられたり,テレビでのネットショッピングでの健康食品の購入などを必要もないのに購入する人がいます。そんな被害を防止しようとするならば,家族が月に1回ぐらいは父母の家を訪ねて様子をうかがうことです。認知症が進行していれば,家庭裁判所にお願いして成年後見人を選任してもらうことです。また,ひとり暮らしがそもそも限界に達している高齢者に対し,子どもは老人ホームやグループホームへの入居を決断すべきです(拙稿「高齢者の生活と消費者被害」『ゆたかなくらし』2010年7月,No. 339)。

6　消費者被害の予防策

そこで,高齢の人が被害になるべく遭わないようにする方法を幾つか紹介します。

まず第1に,電話でのセールスの時の対応です。ひとり暮らしの場合は電話に直接出ることをせず,留守番電話に録音させることです。留守録を聞いて友人や知人であったならば,こちらからかけ直せばよいのです。知らない人の電話には直接出ないことです。また,町内会などの高齢者の名簿などを見て,お墓や不動産のセールスがかかってきますが,売れ残った物件であり,条件が悪い物件だから知らない人相手にセールスをしているのだと考えるべきです。

次に,訪問販売の時は,決してドアを開けないことです。そして,できるだけ「つっけんどん」に対応することです。少しでも気があると思われると,いつまでも「しつこく」話をしてきます。また,相手が家族の特定の人の名前を挙げてセールスをしようとした時は,本人は不在だとか答えてインターホンを切ることです。

第3に,テレビショッピングです。最近のBS関係のテレビは,まるで商品販売のテレビ局ではないかと思えるほど健康食品,洋服,宝石などを「昔」のタレントを使って売り込んでいます。番組終了後30分以内に電話をすると,3,000円の健康食品が先着1,000名に

限り 1,500 円になるなどと宣伝しています。半額になるわけですから思わず,「安い,すぐ電話しよう」という気になります。しかし,健康食品などは薬とは違いますので国の安全性のチェックを十分に受けていません。それゆえ効き目は不確かです。ですから「個人の感想です」と曖昧な表現で効能をテレビで述べているものです。時々有害なものさえあります。また,半額で安いと思っても,業者はそれでも十分利益を上げているのですから,もともと半額の商品です。いずれにしても,欲しいものがあったならば,近くのお店で少し高くても購入することをお勧めします。もし,足が不自由で外出が難しいのであれば,ホームヘルパーか社協の生活支援員,もしくは生協の宅配サービスを利用したらよいかと思います。

7　老後の生活設計の失敗

　高齢になったならば,自分の生活は自分で守るとの覚悟を持つことです。その意味で高齢の人の生活設計は極めて大切です。定年退職をしたとしても 70 歳位までは元気な人が多いのが実情です。自分の特技(例えば植木)を生かしてアルバイトをするとか,シルバー人材センターに登録をして学校などの警備をして子どもたちや教職員との交流の機会を持つなどして趣味と実益を生かした生活設計を考えてみるべきです。定年前の経験を生かし,無理をせず,それでいて月に 5 万円ないし 10 万円位の収入の確保をすると共に,出費の抑制に努めるべきです。これに対し,定年前後に「脱サラ」をして商売を始める人がいますが,多くの人は失敗しています。それは定時出勤・定時退社のサラリーマンと同じ感覚で仕事をし,顧客商売の厳しさの自覚に欠けるためです。そのため退職金を失い,多額の借金をする人がいます。いずれにしても,高齢者の大部分は年金で生活する人です。そして預貯金を取り崩して生活する人です。それゆえ,新たな収入がない以上,出費も原則として年金などで生活できる範囲とし,臨時の出費の時に,預貯金を取り崩す程度の生活の

有り様を考える必要があります。毎日，毎月，毎年の出費をある程度想定して堅実に生活することです。想定以上の出費が多くなるのが病院代，介護費用になります。これらの費用は毎月の年金でカバーすることが加齢に伴って次第に難しくなってきます。他方，定年退職し，新たな収入もなくなっているにもかかわらず従前の生活スタイルを改めようとしない人がいます。車や家電商品などをローンで購入し，不足分を年金を担保にしてサラ金などから借りて自転車操業に近い形で生活をしている人がいます。また，生活費の不足分を株などに投資して，インターネットで株の売り買いをして補っている退職者もいます。しかし，生活の原資が限られている中での前述した出費増はいずれかの時点で破綻することにならざるを得ません。そして長年住み慣れた町をいつの間にか離れていなくなる人が出てきています。定年退職したならば，これまで関与していなかった株などの売買や投資などをしないことです。生活の安定を第一に考えることです。親子の間でも保証人にはならないことです。

8　高齢期の住まい

　高齢期をどこで過ごすかについては3つの段階を考える必要があります。1つは定年後の住まいをどこに定めるかであり，第2は70代後半から要介護状態になることを想定して，50代ないし60代の時に住宅をバリアフリーにしたり，財産管理の対応を考えること，第3は80代後半の要介護状態になった時に施設か在宅かを含めてどこで過ごすか，です。

　まず第1の定年後の住まいとして，故郷に帰りたい，別荘生活をエンジョイしてみたい，海外で数年過ごしたい，住み慣れたところで過ごしたい，という選択肢があります。

　次に，要介護状態の備えとしては，住宅などのバリアフリーの問題と財産を適正に管理してくれる人の問題があります。前者の住宅のバリアフリーの問題は，お風呂やトイレの問題や，階段の手すり

や家の中を車椅子でも動けるようにすることが求められます。そして玄関から外に出る時の階段にスロープをつけるかなどの問題があります。自宅での事故で多いのは、入浴中の事故です。それゆえ、人によっては湯船に入らずにシャワーで済ませる人もいるほどです。また、お風呂の脱衣所やトイレで冬期の寒さのために倒れる人がいます。いずれにしても、住宅改造の問題には50代ぐらいから対応しないと、約200万円ほどかかる費用その他の点でも大変です。また、民間のマンションにはエレベーターがついていますが、古い公団の団地は5階建てでもエレベーターがなく、上り下りの問題が大変です。介護事業者のショートステイ、デイサービスの送迎も、5階の階段は車椅子の人などにとって難しい場合があります。その意味で機会があったら早めに低層階への引っ越しを考えるべきです。後者の財産管理の問題は社会福祉協議会の日常生活自立支援事業の活用であったり、成年後見(任意後見)の利用であったり、家族の協力の問題でもあります。これは後見制度のところで詳しく述べます。なお、80歳前後である程度の資力のある健康な人(ひとり暮らしで要介護状態でない人)の場合は軽費老人ホームへの入居の道や、生活困難な資力の人は養護老人ホームの入居も考えられます。

第3は、80代後半に要介護状態になったとき、どこで過ごすかです。これは一口で言えば在宅で介護を受けるか、老人ホームなどで介護を受けるかという問題でもあります。結論を述べれば、要介護状態の程度と資金力によります。経済事情が許せば要介護状態になっても四季が感じられて住み慣れたところがよいかと思います。しかし、重度となり、排泄や入浴ができないとか認知症で判断能力が著しく欠如するようになったときは老人ホームやグループホームに入居することを決断すべきです。

9　高齢者の事故

高齢期の事故に関して言えば、1つは家庭や老人ホームなどでの

転倒などの事故があり，2つは災害などの事故であり，3つは交通事故です。1つ目の転倒などの事故は，家庭内の階段などでの事故，入浴中の事故，段差での事故，介護施設での介護事故などがあります。2つ目の災害は，台風，地震などの事故です。阪神大震災や東日本大震災で家族や友人を失ってみて，相互に依存し合って生きていたことを実感した人は多いと思います。3つ目の事故である交通事故です。今日，交通事故の被害者で最も多いのは高齢者です。それは自分の歩行や視力が衰えているのを自覚せず，無理な横断をしたり，自転車に乗って道路をジグザグ運転したり，90歳近くで車を運転して，瞬間の判断を誤るためです。認知症であることを自覚せずに高速道路を「逆走」して事故を起こしたという例さえあります。他方，今日の道路の信号は，若者を中心にした短時間歩行用にできているため，片側2車線などの幅員のある道路は障害のある人や高齢の人が横断しきれないうちに赤信号になり，事故になります。その意味で信号と歩行にかかる時間を考えて，高齢の人は，「青だから横断する」のではなく，「青になってから」渡るぐらいのゆとりある歩行が必要です。長生きしたいと思うならば，若者と同じような横断はしないことです。

10　災害のリスク

日本は災害大国です。台風・大雨・地震・津波・河川の氾濫・大火などが毎年のようにどこかで発生しています。平成7年1月17日の阪神・淡路大震災，平成16年10月の中越地震，そして最近3年間だけでも，毎年の台風，集中豪雨，2011年3月11日の東日本大震災と津波，そしてフクシマの原発事故，伊豆大島と広島市の土石流，2014年の木曽の御嶽山の噴火などがあります。多くの日本人にとって忘れてはならない日があります。1月17日の阪神淡路大震災，3月11日の東日本大震災とフクシマの放射能，6月23日の沖縄戦の終了，8月6日・8月9日の広島・長崎への原爆投下，8月15日の

敗戦，9月1日の関東大震災，12月8日の太平洋戦争開戦などがそれです。人によっては2.26事件，5.15事件，3月10日の東京大空襲を含める人がいるかもしれません。地域によっては奥尻島の津波，秋田沖地震，宮城沖地震，南海地震，雲仙普賢岳の噴火，あるいは伊勢湾台風，狩野川台風，洞爺丸台風を含める人もいるかも知れません。自然災害はある日突然来るので，防ぎようがない時があります。これに対し，軍人の2.26事件や戦争の悲劇は指導者がしっかりとしていれば防止できる性格のものです。その意味で事故と事件は全く違いがあります。事件を防止するには国民が生命と人権の尊さをしっかりと認識することと，いかなる暴力も許さないことがまずもって重要です。事故でも，フクシマの原発は防止が可能な事故でした。日本人はもっともっと過去の事故と事件に学び，そこから貴重な教訓を引き出すようにすべきです。

　2015年1月17日は阪神淡路大震災から20年です。あの未曾有の災害は阪神地方の人々を襲い，6,400人の死者を出しました。しかし，被害の結果は様々でした。比較的貧しい人々が住んでいる地区で大勢の死者が出たとされています。この教訓は，災害の被害や住宅の問題を個人の責任とすることの誤りを示しています。住宅の再建のために預貯金を使えば，老後の生活費はなくなります。いずれにしても，家を失うことはアルバムなどの写真はもとより，過去の生活の歴史を失うのに等しいものがあります。高齢期に災害に遭い，被害を受けることは，生きる気力を失わせます。折角災害で生き残ったのに，その後自殺したり，孤独のうちに死亡する災害関連死が後を絶ちません。神戸では「住まいを失った人々の暮らす復興住宅では，急速な高齢化が進み，2人に1人の方が65歳以上，孤独死は昨年1年間で40件に上った」とのことです（雑誌『図書』2015年3月）。そこで，2013年3月11日の地震と津波の問題を少し考えてみます。3.11の地震と津波では，親や子どもが亡くなったり，配偶者が亡くなった人，家を津波で失った人が大勢出て，到底個人の力では生活

できなくなりました。また，東北地方の太平洋側で漁業などを営んでいた人は，比較的大家族で生活していたこともあって，仮設住宅では三世代同居ができないため，バラバラな生活になってしまいました。元の大家族には事実上戻れなくなっています。さらに，フクシマの原発では，生まれ育ったところに4年経っても戻れずに家族バラバラに暮らしている人もいます。仕事をなくした人の中には酒に溺れたり，家族へ暴力を振るう人もいます。家族の絆を強めた人と失った人，3.11の経験は，改めて平穏な生活の大切さを感じた人が多かったと言えます。私自身も震災の1ヵ月後に石巻・相馬・千葉などへ出向いて，自治体の人や特養ホームの人，病院の関係者から話を聞いて，この危機を乗り越えるには個人の力では到底無理で，公的支援の必要を強く感じたほどです（創風社編集部『震災の石巻──そこから──』創風社）。住宅・所得保障・そして特別養護老人ホーム・病院など震災は人間が人間として生きていくうえでどんな公的支援が必要かを改めて明らかにしています。今の私達にとっての大きな関心事は，2011年3月11日のフクシマの原発です。大勢の人々が今でも故郷に帰れずにいます。その人々の気持ちを考えるならば，政府や産業界の原発輸出や原発立地の人々の再稼働推進の動きは如何なものかと思います。悲しみと苦しみを共有できなくなったならば，人間の心を失うことになります（拙稿「3.11を迎えて」『ゆたかなくらし』2013年6月）。

第2節　成年後見と権利擁護
──認知症への備え──

1　介護保険と成年後見の関係

　平成12年に介護保険が従来の「措置から契約」になったのに伴い，契約を結ぶ判断能力のない認知症の人を対象にして，民法を改正し

て成年後見制度がスタートしました。成年後見制度は従来の禁治産,準禁治産制度の持つ問題点(例えば戸籍上の記載や資格制限など)を是正して,利用者の使い勝手のよい制度にしました。この結果,今日では成年後見の利用者は大幅に増加しています。成年後見は判断能力の有無・程度などに応じて,後見・保佐・補助の3つの類型(民法第7条以下)があり,認知症の人がどのパターンに該当するかは医師の鑑定を参照して家庭裁判所が最終的に決定します。後見・保佐・補助の3類型のうち,後見人は事実上オールマイティに近い法定の代理権を持ち,財産管理や契約に関する広範な権限を持っています(民法859条)。保佐人は法律上の事項に加えて裁判所が決めた事項などについて代理人となります。補助人は特定の事項についてのみ権限を持ち,大部分のことは本人が自分で決めて生活します。以上述べたように,3つの後見類型は法律行為の能力の制限に違いがあります。

2 任意後見について

後見制度には本人が判断能力のあるうちに後見人を選任する任意後見と判断能力がなくなってから家族などが家庭裁判所に申立をして選任される法定後見の2つのパターンがあります。前者の任意後見ですと本人が予め知っている人を公証人役場で条項を作り,後見人としますので,判断能力がなくなった後も安心と言えば安心です。ただ,任意後見は本人に判断能力がなくなった後に家庭裁判所が後見監督人を選任して初めて効力を生じます。それゆえ,後見人の予定候補者が後見監督人の選任の申立を家裁へしなければ,いつまで経っても後見人の効力は生じません。任意後見人の候補者の多くは,本人が判断能力があるとき,財産管理契約と任意後見の契約をセットで結ぶことが多いのが実情です。そのため本人が認知症になっても,後見監督人の選任の申立をいつまでもせず,財産管理契約にもとづいて本人の財産を管理し,費消してしまうケースがまれにあり

ます。特に資産のある人をターゲットにして新興宗教団体やヤクザまがいの集団が最初から本人の財産を取得（詐欺）する目的で，親切を装って任意後見や財産管理の契約を結ぶ場合があります。昔から「タダ（無料）で動くのは地震だけ」という諺があります。親切な人の裏には途方もない野心があります。ひとり暮らしをしていると，どうしても甘いささやきと親切に弱くなります。老後に備えて折角貯えた財産が，変な人にすべて騙取されることがあります。前記のようなことを防止するには，公証役場は任意後見の書類の作成の事実を家裁へ報告をし，家裁が任意後見監督の必要の是非について定期的に候補者に照会する文書を出したらと思っています。また，多少お金がかかっても資格のある社会福祉士や弁護士に任意後見人の依頼をした方がベターです。

3　後見制度支援信託

　後見人になる人は，かつては親族の人が多かったのですが，後見人らが被後見人の財産（預金など）を勝手に費消してしまうケースが出てきています。この財産の使い込みの問題は最近は親族だけでなく，専門職といわれる弁護士・司法書士・社会福祉士らにもみられます。被後見人にすると老後に備えて貯めた金が自分の権利を護ってくれる後見人に使われてしまうのですからたまったものではありません。それゆえ今後はすべての後見人に家裁は損害保険の加入を義務づけるべきです。最高裁は後見人の使い込み防止のため後見制度支援信託という制度を設けました。この制度は，高齢者の財産のうち「日常的な支払いをするのに必要十分な金銭を預貯金等として後見人が管理をし，通常使用しない金銭を信託銀行等に信託する仕組み」のことです。この制度を利用すると，「信託財産を払い戻したり，信託契約を解除したりするには，あらかじめ家庭裁判所が発行する指示書が必要」となります。信託する金額などについては，弁護士などの専門職後見人が高齢者に変わって決めたりするなど家

庭裁判所の関与が強くなっています（以上は最高裁の「後見制度において利用する信託の概要」のパンフレットより）。以上のようにこの制度は被後見人の多額の財産は信託銀行へ預けて，家庭裁判所の指示がない限り，後見人といえども預金の引出しができないようにしました。

4　後見人の選任と就任

　法定後見の後見人を選任したり，任意後見の後見監督人を選任したりする役割は，家庭裁判所が行います。家庭裁判所は被後見人の財産・人柄・環境などを総合判断して，前記の後見人らを選任します。実際の実務は6割から7割は家族などが後見人として選任され，第三者後見人の専門職の人は3割前後です。第三者後見のうち，紛争性の高いケースは弁護士を，そうでないケースは司法書士などを，介護サービスなどの福祉サービスの提供が問題となるケースについては社会福祉士を選任するケースが多いと言えます。ところで，専門職後見人を選任するにあたって重要なことは，被後見人の環境に最もふさわしい人を後見人などに選任することです。弁護士ならば誰でもよいというわけではありません。財産管理は勿論，福祉にも造詣の深い人を選任する必要があります。それには後見申立書に本人の置かれた状況を詳細に記述させるとともに，家裁が調査官を活用して独自に調査をすることです。そのようなスタッフを家裁は整えることが求められています。

　後見人になった人は，被後見人の全ての財産や債権・債務を1ヵ月以内に調査をして家裁へ報告する義務があります。後見申立にあたって一応の財産は申立書に記載されますが，それはあくまでも一応です。後見人の就任前に財産を親族やその他の人が費消している場合があります。後見人は財産を費消した人（不法行為者）に対して債権回収を行う必要があります。任意の話し合いでまとまらないときは，後見人が裁判所の許可を受けて，お金などを使った人に対し，

裁判をすることになります。後見人と親族などの間でトラブルが発生する多くの場合は、介護に従事していた人が公私混同をして、いつの間にか被後見人の財産と自分の財産の区別がつかなくなり、使途自体が特定できなくなるときです。介護に従事している人の生活費・資産状況・人柄その他を厳しくチェックして、後見人は財産に関する事実の解明にあたるべきです。

5　成年後見利用支援事業

　成年後見制度は認知症の高齢者などの権利を擁護するために創設された制度です。そうであるとすれば認知症の人は資産の有無・程度に関係はなく、ひとしく権利が擁護されるべきです。ちなみに資産のある人やその家族は、本人の資産を守るために成年後見制度があることを理解していますが、資産のない人は認知症になっても後見人は必要ないと思っているようです。しかし、低所得の人や生活保護の人でも日常生活において各種の契約を結びます。この契約の代理人が後見人です。ところで、後見申立の費用は勿論、後見人に一定のお金を支払えない人に対して自治体などが費用を負担する、成年後見利用支援事業という制度ができました。この制度は後見申立にかかる10万円程度の費用や毎月・毎年の後見人に支払う費用（例えば3万円前後）を自治体などが支払うものです。この制度を利用することによって低所得の人々も成年後見によって自己の権利が護られることになります。ただ、成年後見利用支援事業の多くは、市町村長が家裁へ成年後見の申立をします。この制度の利用には、よく自治体の担当者と話してみて下さい。

6　後見人の権限と役割

　成年後見人は被後見人の住宅の賃貸借は勿論、介護サービス契約や医療契約などを結んだり、預貯金や財産などの管理をします。それゆえ本人の通帳、いわゆる権利証などをすべて預かって適正に管

理することになります。また，後見人は預かっている通帳から介護サービスなどを始めとして各種の料金などを支払うことになります。後見人がその任務を適切に果たすには，被後見人本人の過去の経歴や財産状況，親族などの関係をよく調べたり，病院や介護施設に出向いて利用者本人の動向などの身上監護をよく尽くす必要があります。身上監護をよく果たさない財産管理は,時には不適切であったり，画一的なものになります。特に,有料老人ホームや特養ホームの選択，あるいは在宅での介護の場合，どんなサービスが本人のために必要かの判断と決定は十分な身上監護なくしてはできません。ただ，率直に言えば社会福祉士以外の弁護士・税理士・司法書士や行政書士などは，普段の業務の上で福祉の人々との接触がほとんどありません。それゆえ，これらの人々が介護保険その他の関係で後見人になったときは，社会福祉法・老人福祉法・介護保険法などの法の理念と運用の実態について，しっかりと学習をして後見業務をする必要があります。(拙稿「成年後見制度の現状と課題」『ゆたかなくらし』2013年3月）。

　前記後見業務と身上監護との関係で言えば，被後見人の病気の種類・進行具合・住宅の問題・ベッドなどの問題があります。まず，病気の種類・進行具合に関して言えば，癌などの末期をどこで過ごすのか，その費用負担をどうするのかの問題があります。次に，住宅の問題に関して言えば，在宅の介護でデイサービスなどに通うことが難しい急勾配の階段の時は転居を考えることも視野に入れる必要があります。第3にベッドの問題ですが，畳などの上の布団だと立ち上がりに困難をきたすので，ベッドにした方がよいとされています。しかし，ベッドから転落して骨折する可能性もあります。手すりその他に注意が必要です。いずれにしても，本人のためによかれと思ってあれこれ配慮した後見業務を行うには費用がかかります。その費用の原資と本人の最善の利益を常に考えながら，業務を行う必要があります。いよいよ，費用負担が困難になったならば，生活

保護の受給申請をすることも検討すべきです。

ところで,法定後見人の場合,特に第三者後見の時は裁判所から選任されて初めて被後見人と会うため,本人の性格・挙動・前歴などは全くわかりません。そのため身上監護を尽くせと言われても,戸惑うことがあるかと思います。そこで,本人の戸籍謄本などを調べて,結婚・子どもの関係,保有する不動産と近隣との交流状況,被後見人を監護していた親族やヘルパーなどの社会的支援者と接触したり,本人の写真やアルバムから同級生がわかれば,その人々の話などを総合的に聴取して,最善の利益を考慮した適切な後見業務をすべきです。くどいようですが,後見人の業務は財産管理だけではありません。財産管理が中心ならば,マニュアルにもとづいた画一的な管理で足りるはずであり,どんな人が後見人になっても可ということになります。被後見人にふさわしい後見人が選択された理由を考えるべきです。

7 医療サービス契約と成年後見

高齢者は病気をし,時には入院します。この理は認知症の高齢者も同じです。しかし,認知症の高齢者は,痛みは訴えることはできても,何が原因で痛みになったのかや,転倒などのとき,どんな状況で転倒したのか(ヘルパーの見守り・時間・センサーなど)について詳しく説明できません。問題は,難しい手術などの時に病院は成年後見人に同意書の提出を求めてきたとき,同意するかです。特に,被後見人に家族がいないときとか,家族が手術に反対しているときに後見人が同意することは,後々のトラブルを抱え込むことになります。私は簡単な病気と言ったら変ですが,痛風などで入院するときは恐らく家族も反対しないため,同意書を出してもよいと思います。しかし,リスクが大きい重篤の病気の時は,同意書は家族にお願いするなどして,自分ではサインをしないことです。成年後見人はあくまで本人の法律行為・意思の代理をすることが任務です。介

護や手術のような事実行為については代理は本来的になじみません。この辺のところをよく考えて慎重に手術の同意の有無を考えたらよいと思います。

8 後見監督について

親族が後見人になったとき，少なからずのケースでは後見監督人が選任されます。これは後見人の事務を監督したり，後見人と被後見人との利害が相反したときに備えての対策です（民法851条）。親族が後見人であるとき，法律行為と非法律行為の区別が不分明であったり，やってはいけないことを後見人が行うことがあったり，時には裁判所の許可を受けずに居住用の不動産を売却したりするかも知れません。そんなとき後見監督人の同意や許可がなければ後見人は種々の行為ができないという縛りをかけておけば安心です。その意味で後見監督人の多くは親族の後見人と縁がなく，かつ法律に詳しい中立の弁護士が選任されるケースが多いと言えます。後見人は後見監督人といろんなことについて常に協議をしたり，報告することが求められます。後見監督人は時々後見人と会って後見業務の報告を求める必要があります。そして時には後見監督人は裁判所と協議をしながら被後見人の生活などを援助したり，後見業務を遂行を援助する責務があると言えます。

9 銀行取引などについて

成年後見人や保佐人などは本人の預金通帳などを預かり，本人の代理人として預金の預け入れや引き出しができます。法務局の発行する後見人の証明書を銀行へ提出し，印鑑などの届出を行うことになります。しかし，銀行の支店の窓口の担当によっては成年後見人と未成年後見人の区別がわからなかったり，成年後見人の権限が不案内な窓口で30分も1時間も待たされるときがあります。特に最近の銀行は，支店に権限を与えなかったり，パートの職員が多いため，

窓口の人はいちいち本部の指示を仰ぐので時間がかかります。そのうえで「青年」後見人と記載される場合があります。都銀や地銀などの協会の方で成年後見人などへの扱いや書式を統一すればよいのですが，実情は各銀行ごとにバラバラです。また，市役所などの各種福祉給付や保険証などの扱いでも成年後見人は届出をしておく必要があります。ただ，市役所内部でも何故か連絡が取れていないため，1つの課に出した全部事項証明書を各課ごとに出してくれと言われることがあります。市役所の職員は証明書にお金がかかることを知らないのか，知ったことではないというのか不明ですが，立腹することが多いのが実情です。

10　自己決定権の尊重と後見

　この機会に強調したいのは，成年後見制度は高齢者の判断・意思の代理人であり，本人の自己決定権を尊重するために創設された制度です（民法858条）。財産管理をするだけならば，禁治産や準禁治産の時とあまり変わりがありません。人権の歴史で述べたように，障害のある人の人権や高齢者の人権が国際的に承認されたのは，本人の自己決定権の尊重が重視されるようになったからです。障害者の権利条約19条では，障害のある人の住居，その他の選定については本人が決めると定めています。他人があれが良いとか，これをしたらあなたのためという考えを排斥しています。軽度の知的障害者のように意思決定に若干難があったとしても，親や社会的支援者，そして社会の人々がその人に多くの情報を提供し，本人の考えた意思を尊重するのが自己決定の尊重の趣旨です。しかし，本人の意思を尊重するとは本人の「言いなりになる」こととは全く違います。いうならば本人の「最善の利益」を常に後見人が考えて，本人の意思に合致するよう，行動することが求められています。本人の最善の利益は本人の生活の歩み，本人の生活している地域環境，本人ならばしたであろうライフスタイル，本人の資産状況などを総合的に

考慮することが重要です。本人の生活状況の中には食事・趣味・地域の行事など本人の生活の四季ともいうべきものが含まれます。それゆえ本人の最善の利益と，認知症などの本人が発言していることとは時に対立することがないわけではありません。その意味で，後見人になる人は本人の人柄や生活環境にある程度，理解のある人が望ましいと言えます。家庭裁判所は後見人の選定にあたって，後見人が本人の最善の利益を計れる人か否かを基準にして選任すべきです。できるならばじっくりと時間をかけて本人と接触・交流できる社会福祉士との共同後見が望ましいと言えます。

11　権利擁護と成年後見

平成12年に介護保険が実施される頃から福祉関係者の間で権利擁護ということがさかんに言われるようになりました。一般的に権利擁護と福祉の現場で言われるときは，利用者の生命・身体の安全，特に虐待の問題を指すことが多いと言えます。しかし，人間の生命・身体の安全を守るということは，実は社会の基本であって，わざわざ介護保険法を改正して，地域包括支援センターの任務として「権利擁護」を掲げる理由は乏しいと言わざるを得ません。法律の中に「権利擁護」なる言葉が出てきた背景は，措置から契約へ転換したならば，個人の尊重・人権の尊重がされるとしていたことが実現できなかったことと関係があります。介護保険が実施されてから数年経っても，現実には利用者の権利，特に虐待事件は減少しませんでした。いうならば契約発足時の宣伝文句の看板に偽りがあったということになります。そこで，地域の高齢者により密着した介護などがされるよう，地域包括支援センターを人口2〜3万人に1ヵ所の割合で作り，個々の利用者の権利擁護を担当することにしました。しかし，自治体の多くは権利擁護のノウハウを持ち合わせていないために，特養ホームなどを経営する社会福祉法人に業務委託する形で事実上権利擁護を丸投げしました。これでは自治体が利用者のために権利擁護の任

務を果たしていないと言えます。権利擁護の第1次的役割は自治体にあります（高野範城，新村繁文『今なぜ権利擁護か，ネットワークの重要性』公人の友社）。

12 欲深い相続人（？）と後見問題

　父母が脳梗塞などで倒れたり，軽い認知症になったときの子どもの対応は様々です。子どもの中にはこの機会に父母の資産を徹底的に調べて，相続が発生したときに備えようとする人がいます。具体的に言えば父母が病院や老人ホームに入居したのをよいことに，介護その他に尽くすのではなく，父母の財産を自分の方へ移動したり，相続税を安くするために預貯金を不動産に変えたりする人がいます。この子どもたちにすると，今，目の前には父母のために最善の介護や病気の治療をしてあげようとの考えはありません。極論すると，この人々の頭の中にはもう父母は死ぬのだから，治療や介護は「ほどほど」でよい，ちゃんとした治療や介護をしたならば，自分が相続する予定の財産が減少するとの考えがあります。まことに欲深い相続人の予定候補者です。それゆえ，この人々は認知症などの父母のために成年後見人を選任しようとしたならば，財産を自由に費消できないから後見人などを選任しません。こんなとき，市町村長などの後見申立もあまり有効ではありません。法のすき間を利用した人びとへどう対応したらよいかなのです。自治体の職員の出番なのです。

13 後見の終了と遺言をめぐる問題

　後見・保佐・補助の業務は被後見人らが死亡したときに終了することになります。後見人は財産管理の状況や業務の状況を文書にして裁判所に報告し，裁判所がOKと言ったときに業務は終了します。OKという意味は，後見人の中には被後見人の財産を費消したりする人がいることと関係しています。その場合は裁判所から告発など

がされるときもあります。ただ,後見人の任務は本人の死亡とともに終了すると言っても,ひとり暮らしの被後見人の場合に事実上葬儀・納骨などに後見人が関与せざるを得ないときがないわけではありません。他方,被後見人の死亡に伴って相続が発生しますので,相続人からも後見業務,特に財産管理の状況について報告や協議が事実上申入れられることがあります。その時は裁判所と協議して,記録などのコピーを渡すかを決めることです。なお,被後見人は原則として遺言ができません（民法 973 条）。例外的に医師 2 人の証明があるときに遺言ができないわけではありませんが,しかし,原則として遺言は難しいと考えるべきです。これに対し,保佐や補助にはそのような制約（遺言不可）がありません。ひとり暮らしの人は葬儀・納骨などのことを考えたとき,遺言書を作成して遺言執行者に前述の納骨などの色々な業務を行ってもらえるようにしておいたならば,保佐人も助かります。

14　今後の課題について

　介護保険がスタートしてから後見人の数は飛躍的に増えています。しかし約 450 万人いるとされる認知症の人や数万人の重度の知的障害者の権利を護るためには未だ後見人の人数が不足しています。私は 2,000 年の介護保険実施にドイツのボンやハンブルグなどに介護保険と成年後見の実地調査で日弁連の調査団員として出向いたことがあります。そのときのドイツの制度と比べると,日本の制度は未だ利用しづらいと言えます（ドイツでは後見裁判所があります）。全ての認知症の人,知的障害の人々が安心して暮らせるように公的支援による成年後見制度の早急な確立が求められます。現在の成年後見に次の 2 つの問題があります。1 つは成年後見人の数が決定的に不足していることです。全国各地で市民後見の研修や社協の法人後見の動きがあります。2 つは後見人の専門性,質をめぐる問題があります。市民後見人であれ,司法書士であれ,弁護士であれ,十分

な研修がないまま多額の財産管理をしています。そのため被後見人の財産をどの段階で，どのように使うべきかの訓練のない人がいたり，被後見人の財産を費消する人がいます。財産費消に備えて家裁は後見人になる人に損害保険の加入を義務づけるべきです。いずれにしても，現状の後見制度は人数の点でも後見人の質の担保の点でも余りに多くの問題があります。これを改善するには，後見の専門の裁判所を設置すること，後見人の研修をしっかりと義務づけることです。虐待案件などでは虐待が疑われるケースで後見人が動かず，介護事業者を自治体が徒に責めている場合があります。後見人の通報義務と虐待を防止する自治体の義務に整合性を持たせることです。自治体に対し，後見人との協力関係を義務づけることです。また，自治体と後見人との虐待事案をめぐる対応のあり方も検討課題です。虐待が疑われるケースでは，後見人や介護サービス事業者だけではそれを防止することができません。自治体は後見人などの申出を受けて「やむ措置」をして虐待をしている人と虐待をされている人とを切り離して，家族などに措置した場所を教えないことです。経済的虐待をしている人は，父母の居場所を教えるよう，自治体や後見人に対して暴力的に迫ることがあります。生命・身体を大切にする立場から，自治体は利用者と介護の従事者の安心と安全を確保する責任があります。

　ところで，後見人の役割と家族との関係については，現行の法制下で問題がないわけではありません。例えば都市近郊の農家などでは田畑は勿論，アパート・倉庫などが父母の名義になっている場合があります。しかし，父母が90歳を過ぎているような農家などのケースでは，60歳前後の子どもが父母に代わって家の財産を一括して管理し，父母を扶養しているケースがあります。そんなケースにあって父母が認知症になり，アパートの賃料の取り立て・修繕・立退きなどをこれまで同様に家族が行い，生計を一緒にしている子どもにとってみると，後見人にすべての通帳を渡すことは困惑を招くこ

とになります。子どもにとってみると，家の諸々の仕事を自分がやって父母を扶養し，介護もしているのに，収入はすべて後見人が管理して自分はただ働きをさせられるのはかなわんということになります。以上のようなことが想定されるケースにあっては，家族は家裁へ後見人の申立をしなくなる恐れが大きいと言えます。また，前述した欲深い相続人のケースや親一人，子一人のケースにあっては，親の財産はいずれ相続で自分が取得するのであるから，後見人を選任しなくても自分が管理した方がベターと考える子どももいるかと思います。前記のようなケースにあって，後見人と家族の協力関係・任務分担などをある程度，法定するか家庭裁判所で決定しないと，家族は後見申立そのものをしなくなる可能性があります。

　最後に，現在の成年後見制度は財産管理に著しく傾斜しています。実際の家裁の調査・報告も財産管理に限定されています。家裁に身上監護を専門とする社会福祉士を大量に調査官として雇用し，後見人らと必要に応じて協議できる体制を作るべきです。身上監護や自己決定権の尊重などのノウハウを持たない人々が成年後見の分野に大量に参入するようになると，この人々にビジネスチャンスを許すことになりかねません。成年後見制度は高齢の人にとっては最後のセーフティネットです。

第6章　相続・遺言・相続税・終活
——人生の最後のステージ——

第1節　相続対策と遺言の関係について

1　人生 90 年時代と相続

　人生 90 年時代の相続には，4 つの特徴があります。その 1 は相続が発生するのは親が 90 歳前後で死亡し，相続人の子どもが 65 歳前後であることです。つまり，親も子もリタイアした後に相続の問題が発生することです。もう 1 つの特徴は，親が要介護状態になり，子がいろんな形で介護その他に関与せざるを得なくなっていることです。その意味で介護に関しての特別寄与分が深刻な問題となります。3 つ目は父親が 95 歳で死亡し，母親が 93 歳で生存しているとき，その母親が認知症になって，後見人を母親に選任しなければ遺産分割ができない状況にあることです。相続に関しての 4 つ目の特徴として，少子化時代の問題があります。子どもがおらず，祖父母もおらず，配偶者と兄弟姉妹のみが相続人であるときは，配偶者（妻）は夫の兄弟や甥などを知らないために遺産分割でモメるときがあります。そんなときは夫は配偶者（妻）に全部相続させる旨の遺言を書いておくと，兄弟姉妹には遺留分減殺請求権がないため，相続財産はすべて妻のものとなります。その後，妻が死亡したときは，その相続財産は妻の側の兄弟姉妹が相続します。そのため夫の側の兄弟姉妹にすると，結婚したときに親が不動産などを子ども（夫）に提供したにもかかわらず，その意味で夫の実家の財産が，何の縁もない妻の実家の側に全部とられたような感情を持つようです。このような争いは近時増えてきています。その辺のところを考えて遺言

の相手先も慎重に考える必要があります。人生90年時代の相続は，人生50年時代の相続と異なって，子どもの側にすると親の相続問題が発生するまでに時間が十分にあるため，相続対策をする時間があります。そこで，多少資産のある家では生前の相続対策が話題となります。

2 生前対策の限界

相続時の親子，兄弟間のトラブルや相続税の支払いのことを考えると，予め何か対策を考えておかなければというのが資産を持つ人の共通の悩みです。それは遺産分割のトラブルと税金対策を念頭に置いてのことかと思います。しかし，率直に言えば，相続に関して何か良い方法があるわけではありません。例えば節税対策に関して言えば，ある時に合法的であっても，税制改正などで否認される例もあるからです。また，相続税は現在（2014年12月）のところ相続人1人あたり1,000万円（平成27年1月1日以降に死亡の時は1人600万円）の控除があるため，孫や嫁を養子にする例が増えたことがありました。しかしその後，1,000万円の控除は養子1人にしか認められなくなりました。また，トラブル防止の1つの決め手である遺言も，遺留分を害すると遺留分減殺請求がされて紛争になります。以上述べたように，相続で相続人の1人が争ったとき，絶対にモメないという方策はありません。激しい争いの場合は兄姉関係が絶縁になることもあります。私の45年の経験で言うと，相続ほど人間性が前面に出てきて「ドロドロ」した争いはありません。その意味で各相続人の環境や経済状況などを考えて予め対策を考えて慎重に遺言をすることです。

3 夫婦の財産

相続は死亡した人の財産を誰が承継するかの問題です。それゆえ夫婦の間で不動産や預貯金などで夫名義・妻名義の財産の帰属がは

っきりしていれば，相続財産の範囲は明確になります。しかし，日本社会では「夫婦は一体」として夫婦の財産の名義というか帰属が必ずしも明らかでないところがあります。憲法 24 条の個人の尊厳と両性の平等を基本とする夫婦の下では，相互の対等性を維持するためにも夫婦の財産関係，特に預貯金と不動産の名義は別々であることが大切です。このことは相続や離婚の際にも重要な意味を持ちます。

そこで，夫婦の財産の帰属ですが，これは次の 2 つに分けられています。① 夫婦の一方が婚姻前から有する財産及び婚姻中自己の名で得た財産は，特有財産となります。② 夫婦のいずれに属するか明らかでない財産は，夫婦の共有の推定を受けます。前記 の特有財産は離婚の際の財産分与の対象にはなりません。前記 ① の共有財産は，離婚の際の財産分与の対象になります。これに対し，相続の際には離婚時の財産分与と別異の扱いとなります。前記 ① の特有財産は，夫または妻の財産ですので，夫が死亡しても妻は夫の財産を相続しますが，妻の財産は相続財産にはなりません。共有の財産は夫名義であれば妻が相続できますが，妻が死亡しても夫は自分の財産ですので相続の問題は発生しません。なお，夫婦それぞれ収入があるのに不動産を購入する時に，妻もお金を出したのにもかかわらず，それが夫の名義だけになっていて登記上反映されない（つまり共有にされていない）ことがあります。このような場合，司法書士に相談して，出資割合が反映するよう「真正な登記名義の回復」の形で共有名義（例えば 2／3 と 1／3）に変更すべきです。注意しなければならないのは，「へそくり」は形式上は妻のものであっても，実質は夫の財産とみなされます。夫婦は働いて独自の収入を持つことです。

4 親子間の金銭関係と相続

親子間の変化の下でも，子が 30 歳前後になるとマンションを買いたい，家を建てたいので親に協力（資金を出してくれとの意味）し

てくれないかと述べてくることがあります。子どもが親にお金を貸してくれと述べる場合は，実際にはもらいたい（贈与）ということが多いと推察されます。ただ，親にすると子どもが数人いる時，特定の子どもにのみ生前贈与をすることは如何なものかとの気持ちを持ったり，贈与するのはよいが，子どもの配偶者のことを考えるとどうかと色々迷いがあります。私はそんな時，2つのことを提案しています。1つは借用証を作り，返済用の銀行口座を作って，そこに貸金を入金してもらうことです。もう1つは不動産の親と子の共有の登記です。まず，前者の借用証を作った時は，返済されれば良し，仮に返済されないとすれば生前贈与となり，相続時に他の兄弟との間でバランスがはっきりとします。後者の共有は，お金を貸すのではなく，新しく購入するマンションを親子で共有の登記にすることを提案しています。例えば，4,000万円のマンションを購入する時，親が2,000万円出したならば，1／2の共有の登記をすることです。そうすると親が金を出したことが明白になります。前記のような共有持分の方法をとらずに親が金を出すと，子どもの全部登記となり，親が金を出したことは登記簿上はどこにも出てきません。そのため，子どもが転勤などで引っ越しなどをする時，親に断りなくそのマンションを勝手に売却しかねません。また，子ども夫婦が離婚した時，子どもの配偶者から財産分与で親が出したマンションをよこすよう要求されることがあります。これが1／2といえども親の登記がされていれば，離婚騒ぎの時に子どもは当然親に予め相談せざるを得なくなります。また，子どもの配偶者も1／2の共有持分のマンションについて，夫または妻のものだとして主張して財産分与を要求できなくなります。財産関係は親子の関係に大きな影響をもたらすものです。それゆえお金の問題は親子といえどもちゃんと記録しておくことです。

5　家族の変容と相続

そうかと思えば，家族の変容，特に嫁と姑との関係で深刻な問題が最近生じています。ある中小企業の例ですが，創業者が死亡し，財産を配偶者と3人の子どもが相続しました。長男は創業者の後を継いでいましたので，事業承継は比較的スムーズにいきました。母親は事業を継いだ長男のことを考えて，長男に多くの資産を相続させて事業がやりやすいよう，特段の配慮をしていました。母親にすると，父と母の2回の相続を1回にする形で長男に多くの財産を相続させた方がよいとの思いと，長男と同居していたので，長男に多くの財産をあげることが居心地がよいとの思いもありました。しかし，長男は父親の死亡後5年で病気になり，あっという間に死亡しました。創業者一族の資産は長男にほとんど移転していたため，長男の嫁と子どもが全ての財産を相続し，母親は夫が残した長男の財産を何も相続できませんでした。全ての財産を相続した長男の嫁は義母に対して，同居している長男名義の家は自分が相続したからと，母親に家から立ち退くよう迫りました。創業者の長女・次男そして母親はあまりのことに驚き怒ったのは当然です。しかし，法律的には母親は嫁の主張に従うほかありません。家族の変容はここまで来ています。

以上述べた家族の変容を考えたとき，これまでのように家の財産の承継というか，相続のあり方というか，自分が死んだ後のことを考えておく必要が出てきています。一生懸命介護をしてくれた人には多く，相続人ではないが何かと世話をしてくれた人にも何ほどかのものをあげなくてはと考えて遺言をする人が増えてきています。また，家族であっても何も世話してくれない人よりは，広く社会に有益に役立てて欲しいとして公益法人などに寄附する遺言をする人も出てきています。

6 遺言の重要性

そこで，紛争回避の対策をたてる際に重要な意味を持つ遺言について述べます。

遺言は原則として遺言者の財産の全部もしくは一部を，特定の相続人らに対して行う処分行為です。遺言がいかに重要かについて次の例で述べてみたいと思います。

例えば夫が死亡して妻と子ども3人がいるとすると，法律上，妻の相続分は2分の1であり，他の1／2を3人の子どもたちがそれぞれ相続する（1人あたり1／6）ことになります。この場合，夫の唯一の財産が夫の死亡時に住んでいた約50坪の土地と約30坪の家だとすると，子どもたち3人の相続分を合計すると1／2となり，妻の相続分と等分になります。遺産分割の協議如何では（例えば土地と家を売却する分割方法をとった場合），妻は長年，夫とともに過ごした唯一の財産である我が家からさえ，立ち退かざるを得なくなります。これを回避しようとするならば，唯一の財産の土地と家を遺言の方式に従って，妻に全部相続させる旨の遺言をしたならば，子どもたちが1年以内に遺留分の減殺請求権を行使しなかった時は，夫の財産はすべて妻のものとなります。また前記遺言の他に，夫が生命保険に入っていて妻が受取人となっていれば，子どもたちが遺留分減殺請求をしてきたとしても，妻が子どもたちに生命保険金を支払って代償分割をすれば，妻は家と土地を確保できることになります。

7 家族の変容と第三者への遺言

ところで，遺言といったならば親子間の問題と考えられがちですが，最近の遺言はそうではありません。相続人が誰もいないか，親子関係が不仲なときは，第三者に遺言をする人が増えています。例えば生前に世話になった友人や，ユニセフや社会福祉法人への遺言

がそれです。子どもがいる親の場合でも，子どもが生前に親に関心がない場合，財産を有効に活用するために子どもではなく公益団体などに遺言するケースが増えています。また，子どもはいないが兄弟や甥などがいるケースでは特定の甥などに遺言するケースもあります。遺留分減殺請求権は子や配偶者にありますが，兄弟姉妹にはありません。それゆえ子や父母がいないケースで相続人の１人の甥にすべての財産を相続させる旨の遺言をすると，その人にすべての財産が移転し，他の相続人は何らの権利がなくなります。そのことを考えてかどうかわかりませんが，死が近くなった資産のある伯父に，最近やたらと親切に接近する甥などが増えています。

　伯父などに資産がない場合は甥も近づかないが，資産がある人の場合には前述したような遺言を期待してか否かは定かではありませんが，急に「献身的に」接近する親族が出てきているのも事実です。他方，「嫁」は夫の父母の財産の相続権はないため，介護ばかりさせられかなわんという人もいます。そんな配偶者の中には夫の父母と養子縁組を結んだりして文字通り献身的に父母に尽くしている人もいます。相続はいろんなドラマを作りだしています。

8　遺言書の作成

　遺言は満 15 歳以上の人であるならば誰でもできます。遺言の方式は大別すると，① 自筆証書遺言 ② 公正証書遺言 ③ 秘密証書遺言などでそれぞれ異なります。

　まず ① の自筆証書には，「遺言者が，その全文，日附及び氏名を自筆し，これに印を」押すことが必要です。他人が書いたものや本人がワープロ，タイプ等をしたものでは無効になります。開封前に家庭裁判所の検認の手続をとる必要があります。

　次に ② の公正証書には，証人 2 人以上の立会いと，遺言者が遺言の趣旨を公証人に口授すること，公証人が遺言者の口述を筆記し，これを遺言者並びに証人に読み聞かせること，遺言者，証人が署名

押印することが必要です（民法969条）。

　最後に③の秘密証書は，パソコン等でもよいのですが，証書に本人が署名押印をし，証書に用いた印鑑で証書を封印し，これを公証人，2人以上の証人の前に提出し，自己の遺言書である旨などを述べ，公証人らの封書等の手続をした後に，遺言者，公証人，証人がそれぞれ押印します（民法970条）。

9　遺言の内容は明確に

　遺言は遺言者の死亡の時にその効力を生じます。また，遺言で特定の人に不動産を相続させる旨の遺言をした場合に，その不動産を受ける特定の人が遺言者より先に死亡した時は遺言は効力を生じないことになっています（994条1項）。

　また遺言は，相続人らの法定相続分を遺言者の意思によって自由に変更することができるため，遺言の内容が明確になっていることが必要です。例えば不動産を特定の人に遺贈しようとするのであれば，氏名・住所は勿論，土地等の登記簿謄本にもとづいて正確に地番，坪数等を書く必要があります。

　また，遺言が執行しやすいように，金融機関（銀行名，口座番号など）や株は証券会社などを記載しておいた方がベターです。不動産を第三者に売却して，その換価金を持って相続人に1／3ずつ分ける場合は，遺言執行者が不動産を売却できる旨の記載が必要です。他方，貸金庫がある時は銀行名と錠などの番号を記入しておくと，遺言の執行がしやすいと言えます。なお，貸金庫の中に何が入っているか不明ですので，第三者か相続人の立会いを求めて金庫を開けた方が無難と言えます。

　ところで，遺言書に相続人のすべての遺産が記載されていれば，遺言ですべての問題が解決します。しかし，預貯金が漏れていたり，ある不動産の記述がない時は遺言の対象外ですので，その漏れたり，記載以外の不動産などは相続人間の遺産分割となります。

10 遺言執行者

遺言書を作成する時は，例えば弁護士甲を遺言執行者とする旨の定めを記載した方がベターです。そうすれば遺言は順調に執行されることになります。その際には遺言執行者に遺言書に記載している事柄について「一切の」権限を与えることを忘れないようにして下さい。「一切」という表現がないと，銀行が預貯金の解約を渋ったり，貸金庫の開錠に難色を示す場合が多いと言えます。遺言執行者は相続人から通帳・株などの書類などの交付を受けて業務を淡々と執行する責務があります。

遺言執行の実務に関与して感じることがあります。それは銀行によって預金の解約・引出しがスムーズにいくところとそうでないところがあることです。みずほ・三井住友・三菱東京UFJなどの都市銀行はよく言えば手堅いのですが，形式的・画一的であり，柔軟性は全くありません。信金などは被相続人のことなどをよく知っている場合が多いこともあって，状況に応じて柔軟に対応してくれます。

11 遺留分減殺請求と相続の放棄

遺言で被相続人の財産をすべて特定の相続人にあげることができますが，そうだとすると他の相続人は同じ子どもであっても全く財産を受けられないことになり，極めて不公平な状況に置かれます。とりわけ，遺言者は次の例でも明らかのように，常に冷静に死後のことを考えて遺言するわけではないことを考えると，その不公平感は明白になります。

例えば，長男が田舎で30年以上にわたって父親を助けて農業をやって財産を維持，形成したにもかかわらず，たまたま都会で働く次男が父親が病気になったのを機会に病気の世話をし，そこで気の弱くなった父に頼んで遺言を書かせる場合があります。そんな時に，長兄に何らの相続すべき財産がないというのであれば，それはあま

りにも気の毒です。そんな時に備えて遺留分減殺請求権の制度があります。長兄の遺留分は自己の相続分の1／2です。

遺言によって遺留分を侵害された人は，1年以内に遺留分減殺請求を行う必要があります（民法1042条）。減殺請求の方法は，後日のトラブル防止のために内容証明郵便で減殺請求の意思を表示しておいた方が無難です。遺留分減殺請求をしても，相手が協議に応じない時は調停を家庭裁判所へ申立することになります。減殺請求の対象は特定の不動産に対して行う場合もあれば，全体財産に対して行って，自己の遺留分に相当する財産を取得する方法があります。

ところで，相続の放棄は相続の開始後3ヵ月以内に家庭裁判所に申し出る形でしかできません（915条）が，遺留分の放棄は相続の開始前でも家庭裁判所の許可を受ければできることになっています。したがって遺留分権利者が同意している時は，予め放棄の許可（1043条）を受けておけば遺言は完全なものになり，後日のトラブルは全く発生しないことになります。

12　まとめにかえて

素人に近い人は遺言を作っておけば大丈夫ということを簡単に述べますが，そのようなことはあり得ません。財産をめぐる争いはまことに深刻です。弁護士を長くやっていて最も難しいのは，離婚事件と相続事件です。両方とも家族でなければわからない長年月の間に形成された屈折した感情と，幾重にも折れ曲がった糸というか，心理があるからです。とりわけ親の遺産で今後の生活設計を考えている人は，容易に分割で譲歩しません。殴り合いになることもあります。親が遺言書を作る場合の多くは子どもの中に自分に多く相続財産をよこすよう，甘言を弄して迫っているときが少なからずあります。他方，遺言した方が財産の有効活用に適切だという時もあります。例えば中小企業の事業承継で，長男でなく次男の方が有能な経営者と父母が判断し，その次男に多くの株など遺言したり，生前

贈与する場合がそれです。相続の問題を考えるにあたっては、ハードとソフトの両面から考えて、経験のある弁護士や税理士とよく相談することをお勧めします。税金や法的手法の点では間違っていないものの、社会的にみて不相当な遺言書づくりに加担する人がいますが、注意が必要です。経験の少ない弁護士や税理士の中には、争いごとを大きくして、10ヵ月以内の解決を困難にする人がいます。これでは専門家とは言えません。

第2節　遺産分割と相続税

1　はじめに

人生90年時代の相続人の多くは60歳から70歳前後です。相続人の中には定年のため収入がなくなっているのと、老後の出費増を考えて少しでも多く遺産を取得しようと考えている人が増えています。そのため、深刻なトラブルが発生しがちです。相続の問題は他人の問題として考えている限りでは平静でいられるものの、我が身の問題としてこれを考えてみると、これほど深刻な問題はありません。親や祖父母と同居していた人が、ある日突然、当該の家と土地を兄弟から分割せよと迫られて家を手放さざるを得なくなったとしたならば、それは、はた目にも気の毒な現象です。他方、相続をしたものの、相続税を支払えなくて、折角取得した財産を手放さなくてはならなかったり、他の相続人が相続税を支払わなかったために「連帯責任」を問われて「余分」に税金を支払って困惑している人もいます。ただ、この機会に述べると、相続はあくまでも親の財産を相続するものであって、自分の財産を失うものではありません。このことを冷静に考えて、財産をともに築いた配偶者、父母とともに財産を維持してきた子どもでない限り、自分の相続分に固執して欲を持たないことです。親の財産で自分の生活設計を考えていこうとす

る安易な考えを持っていると,労せずして得た財産のせいか,数年後にはすべてを失っている人が多いのが現状です。

また,遺産分割の協議でモメるのは,協議の場に相続人以外の人,例えば長男の嫁,長女の夫などが口を出すというか,参加してくる場合です。私は相続人以外の人が協議に関与すると「モメる」ことが多いので,そのような人の関与を原則として断っています。ひどいときには長女の夫の親が協議に口出ししてきたことがあります。兄弟間はケンカをしても首の皮一枚でつながりますが,他人ですと絶縁になりますので,その辺を注意することです。

2 分割と申告の期限

相続が発生したならば,遺産を相続人の間で協議し,分割する必要があります。遺産分割そのものは,相続税の申告とは異なっていつまでにしなければならないという時間的な制限はありません。従って5年も10年も分割で争っているケースも稀ではありません。遺産分割が長期化する主な要因は,特定の不動産を誰が取得するか,その価格の評価をめぐっての場合が多いと言えます。誰がどの土地と家を取得するか,居住用の不動産を誰が取得するか,不動産の価格をどう評価するかが紛争の要点です。不動産が右肩上がりで値上がりしているときは,長期化してもそれなりに実益がありますが,現在のように不動産価格が右肩下がりの時は,分割協議が長期化すると,その間の家のローンや固定資産税を誰が支払うかなど困難な問題が生じます。その意味では相続税の申告時期の10ヵ月を1つの目安として早期に解決することのメリットは大きいと言えます。

相続税の申告は相続開始から10ヵ月以内に各相続人が税務署へ遺産分割協議書をつけて申告をしなければなりません。もし10ヵ月以内に遺産分割の協議が整わないときは,全遺産の税額を計算して,とりあえず期間内に法定相続分に従って各人の税額を納めることになります。そして分割が完了した後に,各人が取得した財産別の税

額を改めて算出し，取得分に応じて税金の還付や支払いをすることになります。10ヵ月以内に遺産分割の協議を終えるならば各種の節税ができ，一時的にせよ余分な出費とか，資金の調達をしなくてもよいという意味でも 10ヵ月の期限は覚えておく必要があります。

3　節税を重視しすぎないこと

　相続の問題を税金の視点のみから考えると，かえって不公平であったり，あるいは相続人の地位が不安定になる場合があります。私は相続財産を長年にわたって築いてきた人（例えば配偶者）の生活の安定を第一に考えて分割をするべきだと提案しています。サラリーマン家庭の子どもは法律上相続分はあるものの，親の財産の形成にはほとんど寄与していません。ある事件では，節税を重視して配偶者（妻）が夫と自分の死亡の2回の相続を1回で済むように，夫の死亡時に自己の相続分を長男にすべて譲った後に長男が突然死亡したため，その財産を長男の嫁と孫が取得し，何らの権利もなくなった母親が途方に暮れたことがあります。さらに，ある配偶者（妻）は，子どもと同居して世話になるから，子どもが家と土地を取得できるようにしたものの，親子の間が不和になって母親が子どもに家から追い出される事態になったことがあります。上記の2つの実例から明らかのように，配偶者はあまり節税や子の利益を重視せず，自分の正当な権利は権利として行使し，そのうえで子と同居するとか，子へ遺言することを考えた方がベターです。親子の間でも財産は別だと考えるべきです。家と土地があれば老後は安心して暮らせます。そして若干の預貯金があれば，年金と合算すれば生活していくことが可能となります。もし，預貯金が少なければ取得した不動産を売却して安い賃貸のマンションに住むか，有料老人ホームに入居することも可能です。子どもに経済的に頼ることなく配偶者は自立して生活できる方策を考えたうえで遺産分割の問題に対応すべきです。

4　相続人の範囲と相続分

　相続が開始したとき，まず最初になすべきことは，戸籍謄本を取り寄せて相続人が誰であるかをよく調べることです。相続人如何で各人の相続分が異なります。相続人はまず，配偶者を中心に，第1順位は子ども，第1順位の人がいないときは父母や祖父母が第2順位，第2順位の人がいないときは兄妹が第3順位となります。

　配偶者の相続分は子どもと相続する場合は2分の1とされ，残りの2分の1を子どもが相続する形となります。配偶者と父母が相続人の時は，配偶者2／3，父母が1／3，兄弟姉妹と配偶者が相続人であるときは配偶者3／4，兄弟姉妹が1／4となります。

　注意すべきは代襲相続の問題です。代襲相続とは被相続人を甲とした場合，甲よりも先に子どものAが死亡している場合にAの子のB，つまり被相続人からみたところの孫のBに発生する相続のことを指します。同様のことは兄弟姉妹が死亡したとき，甥などにも代襲相続の問題が発生します。いずれにしても配偶者は常に相続人となり，その地位が保証されています。この場合，配偶者とは戸籍の届出をしている人であり，「内妻」には相続権はありません。わずかに故人に相続人が誰もいないときに家庭裁判所の許可を得て相続財産について請求できるに過ぎません（民法958条の3）。

5　遺産分割の方法

　遺産の分割は，当事者同士が協議して決めればよいことになっています。協議して決めた結果を全員で署名捺印して，「遺産分割協議書」にします。不動産の登記や預貯金の引出しが必要なときは実印で遺産分割協議書に署名捺印をし，印鑑登録証明書が必要です。また，銀行の預金があるときは，遺産分割協議書だけではなく，銀行の所定の様式の書類の提出が求められるときがあります。それゆえ遺産分割協議書を作るときは，銀行に予め相談して，その書式の書面に

も署名押印をしてもらうことです。

ところで、遺産分割でやっかいなのは、不動産の扱いです。不動産が複数ある時は、相続人間で協議して、誰がどの土地なり家なりをもらうかを決めればよいのですが、後述の代償分割の方法や、現金などの支払いができず、共有の形にせざるを得ない時があります。しかし、不動産の共有は後々、いろんな形でモメる元です。兄弟が存命中の共有はまだよいのですが、甥・姪との共有になると人数も増え、ますます分割が難しくなります。その意味である程度広い土地であるならば、実測をして現物分割をすることです。例えば70坪の土地ならば40坪と30坪という形で分割することです。その際に予め分筆の登記をして、遺産分割協議書に分筆の地番と面積の記載をしておけば、後々トラブルは生じません。

ところで、相続人が比較的近いところに住んでいるときは、1ヵ所に相続人が集まって遺産分割の協議ができますが、兄弟が多い場合や甥や姪などが相続人であるときは、全国各地に相続人が分散していることがあります。そんなときは電話や手紙で希望を伝えて遺産分割協議書にサインと印鑑証明をもらう必要があります。相続人によっては相続分を主張しないという人がいます。そんな時に多くの遺産を取得する人は、実印と印鑑証明の押捺で迷惑をかけるので、「ハンコ代」程度を支払うのが慣例です。ハンコ代は5万円から50万円程度が1つの目安と言えます。

6 代償分割の制度

次に、遺産分割の協議は互いの思惑があってスムーズにはなかなかいかないものです。田舎に母親と長男一家が住んで商売をしていたり、農業を行っていたりすると、それを各人の相続分に応じて全部売って現金で分配するということは現実的ではありません。他の兄弟も長男一家の住んでいる庭の一部や田畑をもらっても仕方がないと言うときがあります。そのような場合には代償分割といって、

誰かが自分の金を持ち出して他の人の相続分を買い取るような方法があります。

例えば，相続人が母親と息子2人で，相続財産は土地と家だけであったような場合を例にとってみます。土地と家は現在既に住んでいる長男と母親が取得し，次男には相続分である1／4に相当する現金を長男なり母親が支払うという方法をとれば不動産を売却せずに済むし，不動産の処分に伴う税金も別に支払わなくて済むことになります。この制度を活用するには相続人の1人の者が一定の資産（預貯金，生命保険金）を持っていることが必要です。

7　特別寄与分

遺産の分割の基準との関係で問題となるものに特別寄与分と特別受益者の問題があります。

まず寄与分とは，相続人の1人の者が被相続人（故人）と一緒になって事業を行って，故人の財産を築いたとか，被相続人が病気で長年療養していたとき，父母の介護を積極的にしてきたとかの事実があるとき，その寄与した分をその人の相続分に一定の割合でプラスする制度です。2人の子どもが相続人であれば，普通は1／2ずつですが，特別寄与した者に例えば2／3の相続分を認めるという制度です（民法904条の2）。近時，特別寄与分との関係で問題となっていることに，介護をめぐる問題があります。父母の介護は長期化し，365日，24時間で，介護する人の負担は大変なものです。多くの場合，介護の担当者に特別寄与分が認められています。その場合にヘルパーの日当などを参考にして寄与分が計算されます。

8　特別受益者

次に，特別の受益者の問題です。よくある例では，農家や中小企業の長男が次，三男を大学に出すために長男が犠牲になって（つまり長男は中卒で家業を継ぎ）学資を援助したとか，お嫁に行くのに

通常の嫁入り道具や結婚式以上に盛大に父親にやってもらったとか，生前に多額の財産をもらったという場合に，他の兄弟とのバランス（公平）を考えて，その者を特別受益者として遺産の分割にあたって考慮するというのが，この制度の趣旨です。（民法903条）その考慮のしかたは特別の利益を得た（贈与）額を相続財産にプラスし，それを法定相続分の中から控除することになります。いうならば生前に贈与を受けた人はその額を相続財産に組み入れて分割を考えなければ不公平というところにあります。

9　分割協議書作成の注意

　遺産分割協議が終了すると，遺産分割協議書を作成することになります。そこで注意事項を5つ述べます。1つは各人が自署をし，実印を押捺することです。2つは未成年者が相続人でいるときは家庭裁判所で特別代理人を選任してもらうことです。3つは相続人の中に認知症の人がいて，成年後見人の選任の必要があるときは，家庭裁判所に後見人を選任してもらうことです。第4に協議書の記載方法です。これには 他に相続財産が出てきたときの記載事項 死亡から分割までのアパートなどの家賃や利息の取得をめぐる問題があります。そして5つ目は協議書が長文であるときは割印をしたり，捨印をする必要があることです。

　そこで第4の協議書の内容です。これには協議書の末尾に「本協議書に記載のない債権・債務や動産などは相続人の甲が取得する」と記載するか否かです。この記載があれば後日，遺産が新たに出てきたときは相続人の甲がその債権・債務や動産などをすべて取得することになります。そのような記載のないときは，新たに出てきた相続財産について再度，遺産分割の協議をすることになります。また，死亡から遺産分割まで長時間かかり，その間，アパートなどから家賃などが入ったときは誰が家賃や利息を取得するかを協議書に記載する必要があります。これの記載がないと，その家賃と利息は再度

分割協議の対象となります。

10　相続人が知っておくべき税の知識

相続に関する税制はよく変わります。平成26年12月までの死亡の時は，5,000万円の基礎控除に1人あたり1,000万円の控除があります。それゆえ相続人が3名の時は8,000万円の控除があり，8,000万円以下であれば相続税の申告の必要はありません。死亡から10ヵ月の期限内に申告をしないと延滞税その他のペナルティがあります。5,000万円の基礎控除は2015年1月1日の死亡の人から3,000万円になり，1人あたりの1,000万円の控除は600万円になります。これによって普通のサラリーマン家庭の大部分は相続税の支払いが発生します。税金の算出は相続財産の総額で決まります。この総額から算出された税金の額と，各人が取得した相続財産とを按分比例して，各人の税額が決まります。それゆえ多くの財産を取得した人は多くの，少なく取得した人は少ない税額となります。また，配偶者の場合は原則として1.6億円以下であるか，もしくは相続財産の1／2以下であったときには配偶者の特別控除があるため，納める税額は発生しません。相続税がかかる場合は勿論，相続税がかかるか否かのボーダーラインの人，各種の節税の特典（前述した配偶者控除やアパートの貸家建付，広大地申請，相続人が被相続人と同居し，その人が不動産を取得するときなど）を受けようとする人は，素人判断をすることなく税理士と早い段階から相談して申告の有無などを協議することです。

11　生命保険金の特例と分割

生命保険金は被相続人が死亡後に発生するため，相続財産ではありません。相続財産とは被相続人が生前に保有していた財産や権利だからです。それゆえ，企業や公務員などの死亡退職金も相続財産ではありません。ただ，生命保険金や死亡退職金は相続税の計算の

関係では「みなし相続財産」として扱われます。また、生命保険金は法定相続人1人あたり500万円までは控除できます。それゆえ仮に2,000万円の生命保険金に加入していて3人の相続人がいれば、1,500万円までは課税されないことになります。また、生命保険金は受取人が指定されていると、その受取人が全額保険を受け取り、遺産分割の対象にならないことが多いと言えます。さらに相続財産の多くが不動産で、現金・預貯金がないときは、不動産を売却して分割せざるを得なくなるのが通例です。しかし、生命保険金を相続人の1人が受け取っていれば代償分割の方法で遺産分割をすることが可能になり、不動産を売却せずに済む場合があります。遺産分割をスムーズに完了させるには生命保険金は大きな意味を持ってきます。

12 小規模宅地などの特例

被相続人やその人と生計を一にしていた親族が利用していた240㎡以下の宅地については80％の評価減の制度があります。これは被相続人と同居していた人の居住を可能な限り保障しようとするねらいもあります。多くの場合、この特例が適用になるのは配偶者か、同居の家族です。ちなみに、前記の240㎡以下の宅地は、平成27年1月1日以降の死亡は330㎡に拡充されました。配偶者については前述したように相続分の1／2もしくは1億6,000万円までは相続税がかかりません。また、相続人が未成年者であるときは成人に達するまで1年に月6万円が税額から控除されます。さらに、相続人が障害者であるときは85歳に達するまで1年に月6万円が相続税額から控除されます。前記の小規模宅地の評価減や配偶者控除などを適用した場合には、税額がゼロであっても必ず相続税の申告の必要がありますので注意して下さい。他方、不動産は路線価で税額が計算されますので、現金などを保有しているときに比べて有利になるのが通例です。

13　遺言と税金

　税金の申告の関係でもう1つ重要なことは，遺言があったときの取扱いです。遺言の多くは特定の人に多くの財産を取得させることを考えていますので，他の相続人は当然不満です。それゆえ多くの場合に，他の相続人は遺留分の減殺請求をすることになります。そうすると10ヵ月以内に遺産分割が完了しない恐れが大きいと言えます。そのような時はとりあえず遺言の趣旨にしたがって各人が税金の申告をし，後日修正申告をすることになります。それゆえ遺言で多くの財産を取得することになった人は，それだけ多くの税金の納付をすることになります。なお，直系の子ども以外の相続人（甥など）や第三者への遺贈の場合には相続税は1.2倍になりますので注意が必要です。

14　延納と物納

　ところで，税金は10ヵ月以内に一括して支払うのが原則です。どうしても税金を一括して支払えないときは，分割して納付する，延納の形式をとることになります。ただその場合には税務署へ不動産の担保などを出す必要があります。また，現金で支払うのが難しい場合は「物納」といって不動産などで税金を支払う方法もあります。ただ，税務署は現金納付を第一とし，物納は難色を示します。ちなみに田中元総理は東京の目白に広大な土地を所有して家族が居住していましたが，税金が多額なため，物納をしたとされています。

15　連帯納付

　相続税は相続財産全体に対して課税されます。それゆえ各人が遺産分割の協議の結果，1／2とか1／4の取得分になったときは，全体財産で算出された相続税額を各人の取得した持分に按分して算出することになります。また，相続人のうち1人でも期限内に相続

税を支払わないときは，他の相続人が連帯して納付する責任があります。相続税を支払わない恐れがある相続人がいるときは，分割協議の際に各人が取得する予定の預金の中から事実上，他の相続人が預かって一括して納付した方がよいときもあります。

16　税務調査

相続税の申告をしてから原則として3年以内に，申告が適正であったかの税務調査がされます。税務署は金融機関（銀行，郵便局，証券会社，保険会社など）へ照会をして，被相続人名義の財産があるかどうかの問合せをします。また，被相続人の過去の預金の推移を調査して，相続人の誰かが勝手に引き出していないか否かを調査をします。いずれにしても調査は被相続人の死亡時の残高だけでなく，過去数年以内の預金の異動の調査をされます。相続財産の申告が過少であったりすると，修正申告をすることになります。その際，延滞税や悪質なときは重加算税が徴収されます。この金額は高額ですので，適正な申告に特に留意する必要があります。特に相続税の申告をするか否かのボーダーラインの人は，税理士とよく協議をすることです。

第3節　人生の四季と終活まで

1　高齢期を豊かに

これまで述べてきたように，人は75歳ぐらいまでは元気で移動ができ，夫婦かひとり暮らしかは別として自宅で普通に生活できます。しかし，75歳から100歳ぐらいまでは人によって体力・気力に大きな相違があります。75歳を基準とすると，プラスマイナスで5歳違います。医師の日野原重明さんは100歳を過ぎでも元気で仕事をしていますし，写真家の笹本恒子さんは100歳前後でも現役で仕事を

しています。ただ，一般の人は85歳ぐらいから体力が急速に衰えて，長旅は次第に無理になってきます。海外旅行は75歳ぐらいまで，国内旅行は85歳ぐらいまでにしておいた方がよいのかも知れません。また，年をとると楽しみは食事です。「おいしい」ものを少しだけ食したいものです。北海道のボタンエビ，富山の白エビ，北洋の紅鮭，東京の四谷にあるレストランのミクニの料理，そして体力とお金にゆとりのある人は日光の金谷ホテルや箱根の宮の下の富士屋ホテル，和倉温泉の加賀屋，伊勢志摩の志摩観光ホテルや下関の春帆楼の「ふぐ」などでゆっくりと生命の洗濯をするのもよいかも知れません。先祖代々の遺産ではなく，夫婦2人で形成した財産ならば，2人で人生をエンジョイし，「子孫に美田を残さず」の気持ちで自分のためにお金を使うことです。歌舞伎座や新橋演舞場などでは毎月のように歌舞伎を上演しています。四国の琴平神社のお参りを兼ねての琴平歌舞伎も楽しいかも知れません。70歳前後で体力のある人は四国の八十八ヶ所や西国三十三ヵ所の寺参りもよいかも知れません。誰にも遠慮する必要はないのですから，この世のおいしいもの，観たいもの，行きたいところをじっくりと味わいながら旅をするのもよいと思います。

　いずれにしても，人は誰もが終わりの時を迎えます。ある人は70歳で，ある人は80歳で，ある人は90歳で，そして105歳で終わりの時を迎える人もいます。その終わりの時を迎えるまでに何を残し，何をしてきたかがその人の価値を決めます。その価値とは，家族にとってのときもあれば，足尾鉱毒事件の田中正造のように地域社会にとってのとき，そしてガンジーやマンデラのようにインターナショナルのときもあります。しかも，その価値は晩年のときもあれば50歳の輝いていたときもあります。画家の青木繁のように強烈な印象を残して若くして去る人もいます。一般の人は平均寿命まで日々平穏に生活できることを願っています。このことは地震と津波で平穏な日々を失った人にとってはとりわけ強いものがあります。今日

の日本人の平均寿命は80歳を超えて,人生90年時代になっています。ただ,その時の覚悟は65歳を過ぎたら,遅くとも75歳頃までにはある程度決めておく必要があります。そこで,75歳から死亡までの間にどんな心の準備をしたらよいのかについて,これから幾つかの項目について述べてみます。

2　自分を磨くことの大切さ

　80歳を過ぎると,同級生や同僚,そして友人・知人が一人ひとり,この世の中から消えていきます。私の場合,70歳になった今日,同級生の2割ぐらいは死亡しています。寂しさも募ります。加齢とともに物欲は少しずつなくなります。年をとって気がつくことは,やり残したことが沢山あるため,自分を高めるというか精神形成をしっかりしたいと思っています。そうは言っても目も悪くなるので本を読むのも辛くなるのも事実です。あれやこれやを考えて,どうしたら自分を磨くことができるかです。日本人の多くは勉強や学ぶことを高校まで,大学へ入るまでとしか理解していません。いうならば勉強を出世などと結びつけた実利的なものと考えて,内面形成を重視していません。そのこともあって社会人になってから,歴史・文学・政治などの教養書,例えば鹿野政直『近代日本思想案内』（岩波文庫）などに出てくる堅い本を読まない傾向があります。また,日本では政治と宗教の話をビジネスの世界ではしないことが暗黙の前提としてあります。そんなこともあって,多くの人は仕事に必要な本は読んだとしても,人生について記述した,例えば加藤周一さんや須賀敦子さんのような知性的な本や,哲学やキリスト教などの本,そして『世界読書案内』（岩波ジュニア新書）などにある世界史などの歴史書を積極的に読もうとしません。家庭の中においても時事問題や社会問題を家族で話題にすることもほとんどありません。他方,大人になってから『君たちはどう生きるか』（岩波文庫）などの子ども向けの本や映画（例えばディズニーの映画）を観て感動す

る生活も忘れています。戦後の日本人は戦前とは違って自分の好きな本や映画（例えば田中直毅・長田弘『映画で読む20世紀』朝日新聞社）を自由に見ることができます。誰にも遠慮せずにじっくりと自分の内面を磨くことができます。浮草に等しいマスコミなどの多数派とは違う自分を形成し，自己主張を持つことです。自分を磨く，あるいは学ぶというのは，内面形成の充実をいうのであって，読書とは限りません。井上ひさしの「こまつ座」の『父と暮らせば』『兄おとうと』『人間合格』などの芝居，猿之助や玉三郎らの歌舞伎などは勿論，三味線，清元などの謡，日本舞踊など広く芸術などを鑑賞することを含みます。これらは日本の奥深さを深く体験させてくれます。学ぶことを忘れた人間は，生きることの意味を追求するのを諦めるに等しい人です。

3　人生を楽しむ

若い時には何にも思わなかったことも，60歳，70歳，80歳になるといろんなことを考え，感じるようになります。桜一つとっても，あと何年見られるのかと考えるようになります。それゆえ体の元気のあるうちに，季節の四季をもっと楽しめばよかったとの後悔に駆られることになります。ただ，そうは言っても現在の高齢者の多くは80歳前後頃までは旅行が可能です。京都・奈良・東北の旅を楽しむことです。他方，ひとり暮らしの人は，地域のいろんな会に入って友人・知人を増やして，孤立しないようにする心がけも大切です。そして，たまには仲間で銀座や歌舞伎座に出かけて気分転換をするのもよいかと思います。そこで銀座ですが，時間にゆとりがあるならば，友人や夫婦でちょっとおしゃれな格好で銀ブラをするのも楽しいものです。銀ブラをするのに参考になるのが『銀座百点』に名前が出ている老舗です（銀座百点編集部『私の銀座』新潮文庫）。私は時間がある時は，4丁目の和光をのぞき，キムラヤのパンを買ったり，ミキモトに寄って目の保養をし，トラヤの帽子を見て，時に

はタニザワでカバンを買い,そして文房具の伊藤屋で諸々のものを購入しています。また,銀座には空也の最中や子供服のサエグサ,そして呉服の専門店なども多数あります。最近は外国の高級ブランドの店が沢山できて,「ひやかし」で店に入るのが楽しみです。自分の興味やお金と相談しながら,半日かけて銀座を歩くと楽しいかと思います。少し足を伸ばして日比谷や有楽町方面へ出向き,帝国ホテル内のウィンドーショッピングやパン屋をのぞくというのも楽しみです。銀座や日比谷の画廊を覗きながら,風月堂などの喫茶店でお茶を飲むのも楽しみです。銀座は新宿や渋谷と違って落ち着いた大人の街であり,散歩には最適な街です。

4 これまで,これから

75歳を過ぎた頃から多くの人は急速に老います。その意味で70歳を過ぎたら,いつ何があってもよい覚悟を決めておくことです。自分の生き方を少し振り返り,若い時と違う生き方をしてみるのもよいかも知れません。その点で言えば,2014年11月に亡くなった俳優の高倉健さんと菅原文太さんの生き方は極めて示唆的と思います。2人は若い時には生活のためにヤクザ映画に出ていましたが,60歳前後から自分の出たい映画,やりたい仕事を選択しました。特に菅原文太さんは70歳を過ぎてから原発や基地問題に積極的に発言していました。また,俳優の宝田明さんは,高齢になってから中国からの引き揚げの辛い体験を後の世の人に体験させないために平和と戦争の問題で活発に発言しています(日野原重明・澤地久枝・宝田明『平和と命こそ』新日本出版社)。さらに,作家の瀬戸内寂聴さんや作詞家のなかにし礼さんは,戦争体験をふまえて平和の大切さを近時の政府の動きとの関係でさかんに述べています。他方,自分の歩んできた道を後世の人に残すのもよいかも知れません。例えば,現在の90歳前後の人は15年戦争を体験し,昭和20年3月10日の東京大空襲や8月6日,8月9日の広島・長崎の原爆を体験した人々

です。ビキニ環礁での水爆実験による第五福竜丸の久保山愛吉さんの悲劇を知っています。そして現在80歳前後の人は，60年安保で岸内閣と対峙したり，樺美智子さんの死に衝撃を受けた人々です。さらに現在70歳前後の人は，70年安保や全共闘を経験した世代です。私自身，大学の授業や全国各地で講演して，今の30代，40代の人々は親や祖父母から「同時代」のことを何も聞かずに育っていることに驚いています。同時代のことは学校で習うか，習わないかの問題ではありません。今の時代を生きる人間として，当然知っておかねばならない最小限の知識です。長野オリンピックの時，チェコのアイスホッケーの選手で68の背番号をつけている人がいました。プラハの春の1968年を忘れないとのメッセージです。決勝でチェコがロシアに勝って優勝した時，夜中であるにもかかわらず，ハベル大統領以下，多くのチェコ国民が街に出て祝賀したとのことです。日本の若者の中には過去の日本の中国・韓国への侵略を知らずにマスコミと政府の発言に安易に賛同し，そのため近隣諸国と友好関係を持つことに反対する人がいます。しかし，人間には忘れてはならないこと，許してはいけないことがあります。このことをしっかりと後世の人に伝えることです。

5　旅立つ前に

兄弟や甥などの親族はいるものの，その人々と長期にわたって疎遠な関係にあるひとり暮らしの人は，財産の程度にかかわらず遺言書を作成しておいた方がベターです。一所懸命働いて貯えた財産を疎遠な親族に残すよりは生前に親交のあった人や社会福祉法人や財団法人，あるいは日本赤十字，ユニセフや「国境なき医師団」に寄附する旨の遺言をした方が遺産が有効に使われてベターかも知れません。また遺言書に，遺言執行者を決めておいて，葬儀の方法と費用，参加者，寺，墓，永代供養などについて遺言執行者にまかせる方法もあります。また，遺言執行者か知人に，家に残された遺品の整理

その他の権限を遺言書で与えておくと遺産の整理は早く進みます。できましたら自筆証書の遺言ではなく，公証人に遺言書をお願いした方がベターかと思います。公証人の手数料は遺産の額で決まりますが，通例は15万円前後ではないかと思われます。なお，ひとり暮らしの人が遺言書を作っても，第三者に遺言の存在が知られず，葬儀その他が終了してしまう可能性があります。それゆえひとり暮らしの人は，仏壇とか第三者の目に触れるところに遺言書を置き，それを発見した人が遺言執行者その他の人に直ちに連絡できる状況を作ったらよいと思います。

6　老人ホームの入居の決断

85歳を過ぎると，多くの人々はひとり暮らしとなります。自宅で生活できる人はよいとして，そうでない人は無理をせずに老人ホームに入ったらよいと思います。元気な人を対象にした軽費老人ホームや有料老人ホームは3度の食事をホームで準備してくれます。外出も自由にできます。職員が24時間常駐していますので，体に異変が発生した時は，病院などへ連絡をしてくれます。また，要介護3ないし4になったならば，特別養護老人ホームや特定施設と言われる有料老人ホームに入居することをお勧めします。要するに安心と安全のために施設を利用することが長生きの「コツ」です。そうすれば万が一の場合は勿論，遠方の家族も安心です。

　老人ホームは夏はクーラー，冬は暖房が入っており，暑さ・寒さ対策にも気をつけています。また，ノロウイルスのような感染症にも常に配慮しています。ただ，最近，有料老人ホームの中には個人経営に近い無届けというか，役所のチェックが十分でない施設が少なからずできてきています。2009年3月に群馬県渋川市の「たまゆらの里」では出火で大勢の高齢者が死亡しました。また，都内でも無届けのホームで虐待が疑われたマンション型のホームがあります。その意味で無届のホームへの入居の選定は慎重にすべきです。

7 願望

　1990年代になってから，介護の期間が長期化して介護の共倒れや，寝たきり老人になったりする映像がよく放映されるようになっています。また，ひとり暮らしで過ごしている人が生活に困窮したり，誰にも知られず死後1ヵ月の後に孤独のうちに死んでいたのを発見されたというニュースがマスコミを賑わせます。そんなニュースが流れるたびに，多くの人は家族などにも迷惑をかけずに「ポックリ」死にたいものだと思うようです。確かに高齢になればなるほど要介護状態や病気は回復の見込みは遠くなります。その意味で「ポックリ死にたい」とか，「ピンピンコロリ」と死にたいとの願望はわからないわけではありません。しかし，よく考えてみて下さい。世の中には，小・中学生の子どもの頃に死亡した人もいます。また，お産の時に死亡して，我が子の顔も見られなかった人もいます。結婚式の数日前に交通事故などの事故で死亡した人もいます。阪神淡路大震災や東日本大震災の津波などで30歳，40歳で亡くなった人もいます。そう考えると80歳，90歳まで生きられたのは，神仏の加護があったればこそです。死ぬことよりも，よく生きることを考えるべきです。高齢者はこれまでさんざん我慢をしてきたのですから，死ぬときぐらいは少し我が儘を言っても罰は当たらないはずです。長生きの過程で辛いことがあったとしても，これまで長生きできたことに感謝した方が前向きです。また，私の聞いた例ですが，100歳の元気な人が，子どもや孫に囲まれて記念写真を撮ったときのことです。10人くらいの親族に囲まれ，幸福な顔に写り，写真屋さんが「もう1枚」と言ったら100歳の人が横になったので，「顔を前に」と述べたところ，その方はなくなっていたそうです。家族も周りの人も驚きです。また，老人ホームで95歳の人にヘルパーが食事をスプーンであげていたとき，「おいしい」と言って食べて，次の一口をあげようとした時に亡くなっていた人もいます。この人も老衰です。

人間の生命は誰にもわかりません。いずれにしても，人間の生命は有限です。願望を色々持っていても，「神様」がそのようにしてくれるとは限りません。生きている限りは人間だとして最期まで人間らしく生きたいと大きな声を出していきたいものです。再度述べます。死ぬ時のことを考えるよりは生きることの意味を考え，後世の人（身近なヘルパーを含む）に何か1つでも残して死にたいものです。

8　受　容

　人生90年時代にあっても，人は必ず別れの時が来ます。夫婦・親子・兄弟・友人の別れがそれです。実際，数年前までは父母が93歳で死亡したとの喪中の葉書を沢山もらっていました。最近では兄や姉が80歳で死亡したとの兄弟の死去の連絡に変わっています。夫婦の間の死別に関して言えば，夫が70歳で死亡すると，妻はその後20年ほどはひとり暮らしの時が続きます。65歳ぐらいになったならば，人はいつでも死のことを考えておかなくてはならないと述べた高僧がいます。しかし，一般の人は自分の死の時を65歳の段階では到底受け入れることができないため，その答えを先延ばしをするのが通例です。また，妻が重い認知症になり，夫が過労で死亡したケースを体験したことがあります。その夫の通夜に出席しましたが，妻は今，何が生じているのか全く不明で「席」に座っていました。さらに，高齢になればなるほど友人・知人の別れが増えます。そして葬儀などの出費もかさみます。この世の中から知っている人が一人ひとりいなくなるのは寂しいものです。

　いずれにしても，高齢社会はいろんな形の別れを生み出すに至っています。その意味でこれを受容するしかないわけですが，受け入れるまでには多くの時間を必要とします。「明日は明日の風が吹く」「明けない夜はない」の気持ちを持ちながら，耐えながら生活することです。きっとそのうち良いことがあります。神様から長生きのご褒美があるはずです。生きている限り，一日一日を大切にし，生の

喜びを家族や友人と分け合うような関係を早い段階から作りたいものです。

9　葬儀・墓

　人が死亡すると葬儀がされるのが通例です。人によっては葬儀は一切不要との人もいますが，私は最期の別れであるから，形式・規模は別として，これをやった方が良いと思います。葬儀などを一切しないと，友人・知人の中には何故知らせてくれなかったのかという人がいたり，数ヵ月後に線香を上げに自宅などへ来る人がいて，家族はいつまでもその対応に追われ，整理ができないものです。その意味でも葬儀をやって，1回でいろんな別れを済ませるというのが合理的です。また，葬儀の費用は参列者の人数と規模によります。20人ぐらいの家族葬だと50万円前後であるとされています。

　先祖代々の墓がある人はそこへ納骨することになりますが，そうでない人は墓を探すことになります。自宅から遠くの墓だとお彼岸や命日に雨が降ったりするとつい面倒になります。その意味で，お墓はできるだけ残された家族が住んでいる近くの所がよいと言えましょう。多少，ゆとりがあるのであれば生前に墓を建てるというのも1つの考えです。そして特定の宗派の墓地であれば，僧侶に頼んで生前に戒名をつけてもらうのも1つです。生前の戒名は墓石に赤い字で戒名が付いています。そのようにすれば死後の家族の負担も軽くなります。ただ，墓は特定の宗派であれ無宗教であれ，200万円から500万円はかかります。そんなこともあって近時，散骨や樹木葬などを望む人がいます。それらのことは本人が決めることではあるものの，残された家族になるべく負担にならないような遺言をしておくことが望ましいと言えます。ひとり暮らしで相続人がいない人は遺言の中でどのような葬儀をするか，お骨をどうするか，永代供養などをお願いするか定めておくとよいと言えます。また，自分が死んだ後の連絡先も，ある程度絞り込んだらよいと思います。

通夜・葬儀などに出席する人は，家族と兄弟姉妹とごく親しい人の10人ぐらいとして，その人々の連絡先の名簿を作っておいたらよいと思います。前記の人以外の人々で自分の死を知らせる人の名簿を作成し，親族の人に後日葉書などで連絡するという準備をしておくのもよいかも知れません。その意味で最近の高齢者の葬儀は身内だけであったり，10人ないし20人の規模が多いようです。

10　遺品の整理

人間が80年ないし90年，生きていることは，それだけ多くの足跡を各地に残しています。家族の人が知っている足跡はごく一部と言ってよいものです。そんな足跡の1つに遺品があります。遺品の中には経済的価値のあるものから，ないものまで多様なものがあるかと思います。経済的には価値はないが写真のように家族にはかけがえのないものも少なからずあります。ところで，遺言執行者になった時に困るのは，遺品の整理です。遺品の中には簡単に捨ててよいものもあれば，大学の図書館などに寄贈した方がよい本があるなど多様です。それゆえ遺言書の中に遺品で価値のあるものがあった時は，その受取人を決めておくのも1つの考え方です。特に困るのはひとり暮らしで親族がいない時です。すべて処分をしてよいのか否か，ちょっと戸惑うものがある時があります。特段の定めがない時は，すべて整理せざるを得ないのが実情です。それゆえ，メモや遺言書の中に遺品の整理を頼める者を記載するか，遺言執行者に一切の処分権を与える旨を記載しておくと便利かと思います。

終　章　安心と安定した生活の保障を
　　　　——あとがきにかえて——

1　少年大志

　私の故郷はかつてニシン漁で栄えた北海道の増毛町です。この町から出た人で，本間一夫さんと三國清三さんがいます。本間一夫さんは高田馬場に日本点字図書館を作りました。本間さんは全国の盲人のために，盲人文化の拡大のために一生を捧げた人です。本間さんの活動は岩波新書の『指と耳で読む』という本になっています。本間さんと生前に何回か話をする機会にありましたが，実に謙虚な方であり，私達家族のことをいつも気にかけていました。社会奉仕の活動をする人の１つの理想の姿を見る思いがします。

　他方，三國さんは私より年下ですが，30年にわたってフランス料理のレストランを東京で営んでいます。四谷の学習院の近くにレストランはあり，全国にいろんな店を開いています。テレビや新聞によく出る人なので覚えている人がいるかと思います。彼は故郷で養った味覚を生かし，苦しい修行を経てレストランを開き，大勢の人々に愛される料理を提供しています。私達北海道の人間は学校で札幌農学校のクラーク博士の「少年よ大志を抱け」を学びました。２人はこのことを心に秘めて実践した人であり，世の人々のために役立ち感謝される仕事をしたいとのあふれんばかりの熱情です。私は本間さんの活動を知ってから，障害者の相談に乗ったり，盲導犬の団体であるアイメイト協会とも関係しています。新しい知識を盲人に広げたい，盲導犬で１人で歩きたいとの思いと同じく，あるいはその一部でも実現したいと思っています。私は子どもの時に学んだ「少年大志」の気持ちを大切にして，人々が安心して暮らせる社会の実

現のためにこれからの人生において微力を尽くしたいものだと考えています。

2　私と社会保障

　私が社会保障の問題に関与しようとした動機は2つあります。1つは，私の父母は北海道の漁村から7人の子どもを次々と東京の大学などへ出してくれました。父母は自分たちの生活を犠牲にしてまで，子どもの教育に全精力を傾けました。父は私が司法試験に合格した後の，大学卒業の3月に持病の胃潰瘍で57歳で死亡しました。私は父のように生命と引き換えにしなくても，すべての人が安心して医療や教育を受けられるような社会にしたいとの思いがあり，社会保障と教育の問題に取り組む決意をし，弁護士となりました。もう1つの動機は，私が1970年に入所した法律事務所には，社会保障や教育に関する憲法裁判を担当する弁護士が大勢いたことです。朝日訴訟や牧野訴訟そして家永教科書裁判などの教育裁判を担当した弁護士がおり，私も次々と来る高齢者や障害者の事件，そして体罰やいじめなどの教育裁判に関与するようになりました。社会保障と教育は私のライフワークとなりました。私が最初に取り組んだ社会保障裁判は，岡山の宮公さんの恩給と老齢福祉年金の併給を求める事件です。この事件は，70歳を過ぎた宮さんが1人で訴状を書いて東京地方裁判所へ起こしたものです。この裁判を担当して，全国の同様の立場と言うか，地位にある高齢者が生活の窮状の手紙を宮さんを通じて私共のところへ送られ，高齢者の深刻な生活の実態を知ることになりました。まさに聞くも涙，語るも涙のような手紙の山でした。これは何とかしなければならないと強く思ったことがあります。社会保障裁判は訴えの原告は1人ですが，これが勝訴すると法令や通達が改正になることもあって，その恩恵と言うか利益は全国の同じような立場の人々に多大の影響を与えます。現に私が関与した学生無年金障害者の裁判では，東京地裁の憲法14条違反の判決

(平成16年3月25日)を受けて，法令が新しく制定され，全国の2万4,000人の無年金者に対し，一定額の年金が支給されました。その意味で社会保障の裁判は高齢者の年金その他を改善するには大きな役割を果たします。

3　恩恵と富の分配

そこで社会保障と恩恵との違いについて若干述べます。お金持ちの貴族や資本家が，貧しい人のためにお金を恵むということがあります。これは貧しい人々への同情の気持ちの時もあれば，身近なところで餓死してもらっては世間体などが悪いということもあるかも知れません。恩恵の気持ちで貧しい人や障害のある人に接している限り，本人は貧しい人に恵みを与えて気持ちがよいだけであって，貧しい人々の生活の向上には関心がないことが多いかも知れません。それゆえ貧しい人や障害のある人が，貴族や少数の金持ちに「生活できない」から富を分配して欲しいと要求すると，「とんでもない」として即座に拒絶されます。まして貧しい人が権利としての生活保障を少数のお金持ちに集団で要求すると「一揆」と同視され，官憲に逮捕され，時には処罰されかねません。少数のお金持ちが富を独占するのは，本人の努力よりはそのような構造を許している社会体制にあります。アメリカは世界の先進国の中で最も貧富の差が激しく，社会保障の発達が遅れている国です。ウォール街の少数の人々が富を独占できているのは，アメリカが「チャンス」の国であるとの幻想が国民にあるからです。しかし，封建的な特権階級が生きている産油国などでは，貧しい人はいつまで経っても貧しいままです。こんな国では自由と平等を志向する社会保障は生まれません。

4　慈愛と権利

ところで，社会保障の問題で国民が国に対して裁判を起こすことができるのは，社会保障が国民の権利であって慈善ではないという

ところにあります。戦前の日本では生活困窮者の救済や障害のある人の救済は，宗教家などの慈善事業の対象でした。戦前に慈善事業を行うには，その運営資金の点並びに運営を行う人の心の点でも今では想像がつかない労苦があったのではないかと思われます。ただ率直に言えば，生活困窮者や障害のある人の救済が慈善事業でなされている限り，衣食住・介護・医療の水準は文字通り最低限度のものでしかありません。慈善事業で社会福祉の事業を行っている人に，もっと人間らしい，健康で文化的な生活を満たすような処遇の改善を求めることは費用の限界もあり，事実上期待できないと思われます。ここに権利と慈善の根本的な相違があります。他方今日，介護事業などを行っている事業者や職員の中には，利用者に虐待などをしたり，不正な利用料の請求を行っている人々がいます。この人々に慈愛の心があれば，そのような違法・不当な行為は行うことができないはずです。慈愛の心とは人間を限りなく愛する心です。この心を持って社会福祉の事業を行うことが今日こそ，期待されている時はありません。人権の基礎には慈愛の心と社会連帯があります。

5　国の政策の揺れについて

　私が弁護士になった1970年当時は，日本の社会保障制度は発展期であったため，給付の水準は別として手当や福祉年金などの政策が少なからず新しく作られていました。そのため福祉と言えば高齢者・母子や貧困などの人が無償で利用できる制度との共通理解があったと言えます。しかし，1980年代の臨調行革以降は，「バラマキ福祉」とか「年金パンク論」「高齢社会危機論」などの形で政府とマスコミによって社会福祉を受けることがあたかも悪であるかのような宣伝がされ，大幅に福祉の予算は削減されました。そしてレーガンやサッチャーなどの影響を受けた中曽根・小泉・安倍などの内閣は「小さな政府・大きな軍事力」を掲げて「真に困っている人」以外には各種の社会保障給付をしようとしなくなりました。また，2,000年以

降の国の医療や年金，介護の政策はあたかも企業の社員食堂の「日替わり定食」並みに変化し，混迷を深めています。日本の社会保障が大きく揺れている背景には，経済の成長に見合った福祉，経済の発展の妨げに福祉がなるならば，福祉予算はカットするとの思想から国が抜け出せていないためです。だから政府は景気が悪くなると自立・自助として徒に自己責任を強調して，社会保障予算を減額することになると言えます。政府や官僚，そしてこれに追随する一部の学者は，高齢者は金を持っているから自己負担をさせても大丈夫だという論点を設定しています。そこで言う金を持っているとは年収いくら以上の人を指すのかは判然としませんが，少なくとも私が交流を持ってきた公務員・中小企業の従業員らは定年退職後の20年ないし30年の人生を生きるのには今日ではいっぱいいっぱいです。そのため90歳を過ぎると多くの人は預貯金をなくして生活に窮しており，時には老人ホームの利用料さえ支払えなくなって，立ち退きを迫られています。このような状態を国が放置することは，お金のない人から無理矢理取立てをする江戸時代の高利貸しや，貸し剥がしをやるサラ金などの非道なやり方に似ているというべきです。日本国憲法下の政府の政策は，そのようなアウトローに近い人々とは明らかに違うはずです。

6　社会保障裁判と出張

私は現行の法令の下では生活できない人々や障害のある人が提起する社会保障の裁判で全国各地に出向きました。秋田の角館，福島の郡山，金沢，京都，大阪，広島，福岡などがそれです。社会保障事件は行政訴訟であるとともに憲法訴訟ですので，専門性に加えて多大の証拠収集と労力が必要です。そして憲法や社会保障などの研究者の協力が不可欠です。率直に言えば，最近の若い研究者は高齢者や障害者の生活実態に詳しくなかったり，高齢者などの貧困を改善するための取り組みに興味が少ない人がいます。労働法や社会保

障法は民法とは違って社会保障を必要とする現場の人から学ぶという姿勢が大切な学問です。社会保障の研究者が刑法や民法の研究者のように，法解釈に終始していては困窮している人々の生活の改善には役立ちません。

私が社会保障の裁判に関与した1970年当時は，全国的にみても社会保障の裁判や相談に乗る人は極めて少なかったが実情です。しかし，最近では生活保護事件や年金などの裁判に関与する弁護士は著しく増えてきています。それだけ社会保障が国民生活のうえで定着していることと社会保障が危機に立っているとの証左でもあります。他方，2,000年の介護保険と成年後見に関係して，成年後見問題に関与する弁護士や司法書士は著しく増えてきています。弁護士や司法書士の職域拡大にも貢献しています。ただ，忘れてはいけないのは，弁護士は他の職種の人々と異なって，人権擁護が法律上義務づけられていることです。その意味で後見の業務遂行にあたって違法・不当なことや制度そのものに問題があれば，利用者の権利を護るために行政や介護事業者との間でも裁判を辞さないとの覚悟を持って臨むことが大切です。それには憲法13条と憲法25条の趣旨や高齢者の生活の実態などをしっかりと弁護士は理解することです。

7　国家と個人

さて，社会保障では，国の財政と個人の関係，とりわけ個人の尊重と平等，そして困難な生活を強いられている人への社会連帯のあり方が厳しく問われることになります。極論すると，個人の生活を重視するのか，時の権力者の利益を優先するかです。もっと言えば，「国」とは誰の，どんな利益を擁護する団体なのかです。私はこの問題について『人権の歴史からみた国家と個人の関係』（自費出版）という本を2014年8月に出して一定の回答を試みました。この本は戦前・戦後の日本の歴史，国家と個人の関係は勿論，軍国主義政策の下で如何に人間が抑圧されたかを実証的に述べています。そして戦

後の憲法の下で個人の尊厳を護り，貧困をなくすることが国の役割であり，そのためには福祉国家としての国の使命が重要であることについて歴史的に述べています。本書で政治と経済，国会と選挙のことについて随所で述べているのは，社会権としての生存権は国の財政支出と個人への公的支援・保障を必然的に伴うためです。民主主義への成熟性と社会連帯が問われる人権が生存権です。社会連帯は人間の優しさと友情の表現です。今日の日本は，権力者がその野望を実現するために徒に国益を強調したり，戦後日本の出発としてのポツダム宣言の受諾やサンフランシスコ条約の歴史性と全体像を理解しようとしない人々がネットその他の通信手段で他人を攻撃して，貧しい人，弱い人を「排除」する社会になりつつあります。2004年にイラクへボランティアで出向いた青年（男性2人と女性1人）が人質に取られた時，政界・マスコミは自己責任のキャンペーンを張ってボランティアの人を非難をしたり（井上亮『熱風の日本史』日本経済新聞出版社），生活保護費だけでは生活できないとしてパートなどでわずかな収入をあげた人を「発見」して「不正受給」だとして攻撃しています。この人々に共通なのは，ヒューマニズムの気持ちが欠如していること，自分は「安全な場所」にいて困難な地位にある個人を徒に攻撃するものであることです。そして，国や自治体の，あるいは権力者の不正には著しく寛大であることです。そのため権力者は前記のような弱い者いじめを止めようとは決してしません。こんな人々のどこに正義があるのか，この人々の人間性を根本から疑いたくなります。このことは今日の評論家や政治家にも当てはまります。日本の政治指導者の少なからずは，過去の歴史（例えば15年戦争と東京裁判との関係）は勿論，世界の人権の流れを直視せず，夜郎自大のことを述べています。

8　多様な価値観の尊重

ここで戦前の歴史を少し振り返ってみたいと思います。大正デモ

クラシーの結果，25歳以上の男子に昭和になってから普通選挙権が認められ，選挙が実施されました。普通選挙の実施後数年で中国との15年戦争，10年ほど後にはアメリカなどとの太平洋戦争になりました。国民は選挙権があったのに，どうして戦争を阻止できなかったのか，もっと言えば大政翼賛運動の形で党派を問わず全面的に戦争に国民が協力したのかです。結論から先に述べれば，民間の右翼団体・評論家（例えば大川周明）が新聞・街頭で普通のことを述べる人を徹底的に攻撃したことです。京都大学の滝川事件，東京大学の美濃部博士への天皇機関説事件，これを受けての国会議員・権力機関の刑事訴追の動き，さらに戦争に批判的な者を非国民として町内会・国防婦人会の人々が排撃した事実があります。そしてこれらの人々は，最後は軍国主義の末端として「我が世の春」を謳歌しています。しかし，1945年8月15日を境に，この人々は沈黙を守るか，そんなことを述べたかという顔をして民主主義を，国民主権を述べ始めました。変わり身の早さに驚くばかりです。戦前の経験は2つのことを教えています。1つは民間の保守・右翼の人々の動きと権力の結びつきにはことのほか注視する必要があることです。もう1つは多様な価値観を承認するのが民主主義の基本であることです。もっと言えば一人ひとりは違う人間であり，心の中まで権力は拘束すべきではないということです。世界の指導者からみて，現在の日本の権力者は画一的な旧体制を志向する人であり，自由と民主主義を本当の意味で理解していない人々であるとみられています。日本の現在の政権中枢の人々は，多様な価値を基本とする自由と民主社会では異質な人々であり，このような人々が日本の政権の中枢におり，指導者でいる限りは，民主主義の進展のうえで多大の問題があります。社会保障の関係で言えば，自由権は勿論，社会権を含めての人権の確立は到底実現できません。国民の自由と生存権を重視する政治家の出現が待たれます。

9　人権の後退国日本

　日本社会では人権への理解が未だ徹底していません。その理由は，3つあります。その1は政府が人権の問題を，学校教育・社会教育で重視しようとしていないことです。その2は日本ではアメリカの独立宣言，フランスの人権宣言のように，市民が自らの力で権利を勝ち獲った国ではないことです。その3は，天皇主権から国民主権へ変わったことの歴史的意味を理解していない人が少なからずいるため，国民主権の意味が明確に理解されていないことです。日本は戦前の教育勅語体制の下で，国民は骨の髄まで天皇制の思想によって統制されていました。日本社会では少数者の意見・思想を長年にわたって抑圧してきた歴史のある国です。忠君愛国・神州不滅・聖戦などの，権力者が作りだした思想以外を認めない国でした。それゆえ共和制の政治思想や社会主義の思想などを持っている人を治安維持法などで徹底的に弾圧してきた歴史があります。プロレタリア作家の小林多喜二の逮捕後の警察での虐殺はその典型です。権力とは異なる存在が国民であるとの観念が薄く，国と国民を同一視する人が多いのが現状です。だから，指導者が自己の誤りを認めず，「一億総懺悔」を述べると，国民は「そうだ」と納得したり，15年戦争で日本が敗けたにもかかわらず，「終戦」とすると「そうだ」とする体質があります。あまつさえ権力者から人間の理想像について「和をもって尊し」と言われると，争うことさえしなくなります。最も大きな問題は，戦前と戦後の主権の相違を理解していないことです。天皇主権から国民主権になったことは，日本という名称は同じでも全く違う国になったことです。そんな国民性もあって，戦争責任のある戦前の指導者が「公職追放」から解除されると，その人々（例えばA級戦犯や特高など）を再び国の指導者として仰ぐという不可解な対応を選挙民はしました。この点は第2次世界大戦後，ナチに協力した人々を裁判にかけたり，市民が厳しく戦争責任を批判した

ヨーロッパの国々と異なる点です。以上述べたような日本では人権思想の未熟さゆえに、自己の内面形成（理性と良心）を真剣に考えない人々が大勢います。人権の尊重はそれぞれが顔の形が違うように、思想・良心の異なることを承認することです。和をもって尊しとするのではなく、「和して同ぜず」を承認することです。それには世界と日本が歩んできた歴史をしっかりと学ぶことです。

10　経済界の意向と要介護問題

最近の国の高齢者政策は、景気を重視する経済界の人々の要求を受けて高齢者には非常に冷たくなっています。財務省の若い「有能な」官僚が、経済界の一部の人の景気対策の要請に応えて、消費税を上げて法人税を大幅に下げようとしています。これでは貧しい人から税を取り、豊かな法人からは税を取らないというのに等しいものです。かつて、インドのガンディーは

「人格のともなわない知識はただ悪事の力になるに過ぎません。この世にいる多くの「才能豊かな泥棒」や「偉人的な悪党」の例を見てのとおりです」と述べていました」（マハートマ・ガンディー、鳥居千代香訳『ガンディーの言葉』岩波ジュニア新書）。

日本の政治家・官僚・経済人がそうでないことを心より願っています。ところで、民主党政権で官僚主導から政治主導になるかと少しは政治に期待したのですが、その政治家が高齢者政策をほとんど持っていないか、習熟していないことを知り、愕然としました。そうであるとすれば、高齢者の問題はこれに関与している社会福祉の現場の人や、高齢者自身が北欧並みに声を大にして立ち上がり、政策作りに参加するしかありません。日本の大企業の経営者の大半は資本を有しないサラリーマン重役であり、資本家と言えるほどの資産を有していません。資本主義社会では、企業は山一証券のように倒産したり、リーマンショックの時のようにリストラで失業する人が大量に出たりして、社員は勿論、トップといえどもその地位は安

定していません。そして経営のトップも政治家も要介護状態になり，認知症になり，時には徘徊する老人となります。少し先を経済界や官僚などが考える視野を持っていれば，今社会で生じている介護や医療の高齢期の諸問題が近い将来，自分の問題となることがわかるはずです。自分は安心で安全な老後と考える人は無知な人です。70歳になった私から見ると，こんな50代・60代の危なっかしくて無責任な人々に日本の政治・経済の舵取りを任せて大丈夫かとの不安さえ抱きたくなるときがあります。いずれにしても，人生90年時代にあっては，経営トップを含めて認知症になり，時には「寝たきり老人」となります。そうだとすると，これらの人々を包むところの社会施策が求められています。

11　社会福祉と平和の関係

2015年4月3日，東京の調布市で開催された「奥平康弘さんの志を受けつぐ会」に私は出席しました。奥平さんは東京大学の教授などをされていた方で，表現の自由・治安維持法などの研究などで著名な研究者で，「九条の会」の呼びかけ人の1人です。最近の「特定秘密保護法」や「集団的自衛権」などについて80歳を過ぎてなお活発に活動していました。会には約900人が参加しました。大江健三郎・澤地久枝・杉原泰雄・暉峻淑子・樋口陽一・山内敏弘の各氏が発起人として憲法9条と戦後の国民生活の関係，今後の日本の進む方向，集団的自衛権を日本が行使した時の状況などについて，それぞれの立場で挨拶をされていました。発起人の挨拶の平均年齢は80歳を超えているのではないかと思われ，参加者の平均年齢も70歳を超えていたのではないかと思います。それぞれの人々は，今，日本が戦前と同じ方向へ歩み始め，諸国民との間で戦争状態になることを危惧していました。発起人がさかんに強調していたのは想像力です。若い人々の参加が少ないのは，過去の日本の歴史について「無知」なのと，将来の戦争被害について想像力が欠けているために，若者が

政治に無関心になっているのではないかと思います。国家と個人のあり方について深く考えさせられる集会でした。

ところで、社会保障と平和の関係について、戦後のイギリスで「バターか大砲か」という標語が話題となったことがありました。つまり、戦争準備のための軍事予算よりは日々の生活（バター）が大切であるというテーマです。日本国憲法前文では

「日本国民は恒久の平和を念願し、人間相互の関係を支配する崇高な理想を深く自覚するのであって、平和を愛する諸国民の公正と信義を信頼して、我らの安全と生存を保持しようと決意した。我らは平和を維持し、専制と隷従、圧迫と偏狭を地上から永遠に除去しようと努めている国際社会において名誉ある地位を占めたいと思う。われらは全世界の国民がひとしく恐怖と欠乏から免れ、平和のうちに生存する権利を有することを確認する」

と定めています。前記の憲法の前文は「平和的生存権」と憲法学者の間では理解されています。平和があってこそ、国民の生存が確保されるため、日本国民は安心して音楽や芝居を楽しみ、旅行へ出かけ、料理を味わうことができるというものです。この平和国家の問題と福祉国家の関連について、学者の世界は勿論、国民の間でもややもすると別々の問題であると理解されがちです。しかし、前記の平和的生存権を受けて、人権の不可侵性、憲法25条の生存権の保障が定められたことを考えると、日本国憲法の下では平和国家と福祉国家の関係は密接不可分な関係にあります。戦前の日本は軍事大国をめざしたため、税金の相当部分を軍事関連に活用し、それでもたりないとして年金制度を作ってその保険料を軍事費に回そうとしました。戦後の日本の保守層は憲法上の制約を根拠に、アメリカの要望であっても経済成長と国民生活の安定を第一とし、「軽武装」の軍事支出を心がけてきました。非核三原則、武器三原則、専守防衛、自衛隊の海外派兵の禁止がそれです。しかし、戦後60年を過ぎる頃から、戦後生まれの政治家は第2次世界大戦や中国との15年戦争の

実態，特に奪い尽くし，焼き尽くし，殺し尽くすなどの三光作戦，731部隊による非人道的な細菌を利用した中国人への実験，南京大虐殺，バターン死の行進などの国際法規に違反する戦争の実情について無知な政治家が増え出しています。サンフランシスコ条約で承認した東京裁判を否定し，侵略を日本の「自虐史観」として加害行為を反省せず，国際紛争の解決のために自衛隊の海外派兵を企てる人が政権中枢を占めるに至っています。この人々に共通なのは，社会保障は真に困っている人以外には必要ないとして大幅に社会保障予算をカットし，軍事関連の予算を大幅に増額し，海外派兵のためのイージス艦，空中給油，潜水艦，航空母艦，ミサイルなどの開発・購入などにことのほか熱心であることです。これらの政治家の動きは戦後日本の保守の英知と外交努力を否定するものであり，軍事力オンリーであり，憲法の平和国家の方針に反し，福祉国家の道を否定しかねないものであり，強い警戒感を持つ必要があると言えます。

12 高齢者にいま，求められること

いま，高齢者に求められていることは2つあります。1つは自分の生きていた社会，国のあゆみを子どもたち，後世の人々へ語ることです。2つは自分たちが生きるための，現在の国の政策について十分か不十分かを率直に声を出す必要があることです。まず，自分たちが生きてきた社会の歩みについていえば，1945年3月10日の東京大空襲，8月6日，9日の原爆，そして，その後の生活苦，喰うか喰わぬかの状態で必死に働いてきた時代と，平和をめぐる情勢——例えば60年安保・大学紛争など——などを後世の人々に伝えて，平和と福祉を共存させねばならないことを，自分の体験に即して語ることです。後者の今日の社会保障をめぐる状況で言えば，今日の社会は老人福祉法2条の主旨に反して，高齢の人は長生きしすぎだと言わんばかりの個人負担の強化に対して，はっきりとNOという意見を述べることです。このことで重要なことは，高齢期は平穏な

生活が第一ということです。平穏な生活を送るには，社会保障の充実が不可欠です。しかし，日本の社会保障政策はその平穏をことさら害するようなことを次々とやっています。例えば，健康保険料や介護保険料などを所得のない高齢者からも死ぬまで徴収しています。また，社会保険利用の際の自己負担も日本では収入の有無に関係なく高額です。高齢の人は収入が減少しているのに，各種の支出が増えることには対応できません。次々と個人の負担を強化している日本の社会保障の現状の下では，高齢者は自らの力で生きていくのが限界に達しています。高齢者にとって新たな困難を乗り切るには気力・体力，そして資金力がなくなっています。そんな高齢者の置かれた現状を考えるとき，近い将来の高齢者予備軍の若者が積極的に年金・医療・介護の問題を取り上げて，自分たちの将来が安心で安定した生活になるよう活動すべき時がきました。総評時代の73年74年の春闘で年金などで大きな成果をあげることができました。国鉄などが2日ないし3日の全1日のストライキを行い，その力を背景にして政府と交渉していたことがあります。しかし，現在の労組はストは勿論，社会保障の充実に関し，政府と本気で交渉さえ持とうとしません。今日の社会の実情を考えたとき，定年後の人々が他人や労組頼みでは高齢期の諸問題の解決はほぼ遠いことになります。北欧諸国のように高齢者自身が各種の団体（例えば年金者組合）に積極的に参加して活動することが求められています。現在3,200万人いるとされる65歳以上の高齢者の，せめて1割の320万人が立ち上がって，政府に向かって高齢者からこれ以上年金を減額し，金を徴収するのを中止するよう要求するだけでも事態は大きく変わるはずです。そこで，1人でもできる小さな提案です。高齢の人は日々，日記や家計簿をつけて，年金では病気・介護・その他の支出に到底対応できないこと，そのため預貯金を切り崩して生活をせざるを得ないことを後世の人々に伝えることです。生活保護を受けている人は次々と生活保護の扶助費を削減されて苦しいのに，冬期の燃料代

までカットされて、どうやって生きていったらよいのかを記録に残すことです。そして機会があったらこれを本などで発表し、国の誤った政策を是正するように求めることです。

13 弁護士会の役割について

日弁連では10年ほど前から毎年、弁護士・行政の職員（厚労省・自治体）・社会福祉士・医師・現場の職員などが一堂に会する「権利擁護の集い」を開催しています。これまで大阪・仙台・福岡・岡山・高松・金沢・札幌・福岡・横浜・甲府・熊本・名古屋・京都で開催してきました。1回の集いで300人から600人前後の人々が集まり、その後もシンポの取り組みをした人々が相互に協力し合う関係を作り上げています。これらの取り組みの成果をこれからの後見・医療・介護などの制度設計に国は勿論、地域社会で十分に生かすことが期待されています。超高齢社会の進行している今日、今後益々、あらゆる異業種の人々の協力が必要となります。また、日弁連は全国どこの地域にいても、貧しい人々も含めて安心して無料で法律相談ができる取り組みをしてきました。そして法テラスを利用すれば、出張相談にも対応できます。さらに、今日の超高齢社会にあっては、財政・年金・介護・医療などの諸問題について、医師会や介護業界だけでなく、日弁連のような中立の団体の人々を含めて多様な階層の人々が国民的論議をすべき時です。経済界も労働団体も老後の生活の安定のために互いの利害相反を克服するための努力をし、相互に協力し、よりよき老後の社会の建設のために行動する時と言えます。これらの努力の積み重ねのうえに、すべての人々が安心して生活していくことができる政策が生まれます。私は日弁連のような権利擁護の集いや無料法律相談の取り組みを今後医師会・社会福祉に従事する人々・行政などを含めたあらゆる人々が「福祉政策研究集会」として発展させ、全国的な取り組みを年に2回くらいは行うべきかと思っています。政府はこれらの研究会の取り組みの成果を今後の

政策に反映させるだけの謙虚さを持つべきです。

14　弁護士の任務

ところで、弁護士会が全国各地で前述の権利擁護の集いを実施するに至ったねらいは2つあります。1つは弁護士自身が社会保障や社会福祉に必ずしも縁がなかったため、他の職種の専門職の労苦に学び、この分野に積極的に関与する必要がある、ということが1つあります。他の1つは社会保障や社会福祉の仕事はある特定の職種の人々がガンバッて足りるわけではなく、行政・福祉現場の人々、弁護士、社会福祉士らが相互に協力してこそ成果がよく上がることがあるからです。他方、社会福祉の人々の話を聞けば聞くほど、国の政策への嘆きが多く、かつ自ら改善をしていくための努力が不足していることがわかります。福祉オンブズマンや成年後見制度で種々利用者の権利を護ることはできますが、年金の金額が低い、介護や医療費の自己負担が高いというレベルの問題は、成年後見人やオンブズマンではどうにもならないことです。成年後見などに従事する人が年金や介護・医療などに対する国の政策の誤りについて正面から反論したり、改善のために尽力することが少ないのが現状です。他の専門職の人、社会福祉士や司法書士などは国の政策の誤りに反論をすることはできても、それらは国民の一人としての反対の域を出ません。弁護士と他の専門職の人々との決定的な違いは、弁護士は利用者のために何が最善かの判断の基準を、憲法を基本にして検討することができる職業人です。国民の生活を擁護するために、法令が憲法に照らして違法ならば、弁護士は憲法14条と憲法25条を根拠に裁判をして、法令の改廃を迫り、利用者の権利を護ることができます。この特権と言うか専門性を生かして、国民の生活の向上と権利擁護のために尽力するのが弁護士の使命です。ところで社会保障に関する裁判は、法令自体の適用の誤りを是正するための処分の取消訴訟と法令自体が憲法25条に違反する憲法訴訟の2つに大別

できます。前者としては社会保険審査会の健康保険受給資格確認傷病手当金に関する裁決取消請求（いわゆる「加藤訴訟」最判昭和 49 年 5 月 30 日）や国民年金の保険料の，長期納付外国人の被保険者資格取消処分事件（いわゆる「金鉉釣訴訟」東京高裁昭和 58 年 10 月 20 日）などの事件がそれです。後者の事件としては生活保護の基準を憲法 25 条に照らして争った朝日訴訟（最判昭和 42 年 5 月 24 日）や，障害福祉年金と児童扶養手当の併給禁止と違憲性を争った堀木訴訟（最判昭和 57 年 7 月 7 日）や，夫婦受給制限の規定を争った牧野訴訟（昭和 43 年 7 月 1 日判決）などがあります。前記の各事件では，原告が最終的に勝訴したものがあれば敗けたもの（例えば堀木訴訟）もありますが，いずれの事件でも制度が大きく変更されたり，時には法令が改正されたりしています。国の不正な政策に弁護士が闘うことなく個別的な人の権利擁護をあれこれ叫んだとしても，それは必ずしも国民が期待するものではないことに留意する必要があります。それぞれの専門職の人々が，その専門性を生かしながら，社会保障の改善に取り組むことが今，求められています。

15　今日の社会の異常性と危機

　今日の日本社会は，既に述べたように戦後の日本が 50 年以上にわたって積み上げてきた諸々の制度（例えば武器三原則・非核三原則・専守防衛など）を，戦争体験がないか，戦後生まれの若い政治家と経済人が次々と「規制緩和」をしたり，戦後レジームの改革と称して一部の権力者のやりたい放題にできるような社会にしようとしています。小選挙区制の下で政党は活力を失い，小泉・安倍らの保守本流ではない総理大臣は，あたかも大統領のような権限を行使しています。これまで自民党や保守の良識の人々が大切にしてきた経済中心，軽武装の専守防衛の政策を無視した軍事大国へ転換する政策をとっています。これに批判的な人は自民党からも排除されたり，刺客を向けられたりするため，沈黙を余儀なくさせられています。

自民党の野中元幹事長らのような保守本流の長老は、この現象を戦前の大政翼賛会と類似していると批判していますが、政権中枢の人は政界を引退した人間が何を言っているかと無視しています。安倍政権の下ではリベラルな保守の人が少なくなり、政治が暴走し、脱線寸前の状況にあります。(立憲デモクラシーの会編『私達は政治の暴走を許すのか』岩波ブックレット)。最近では政権に批判的なマスコミを潰したらよいとさえ放言する議員すら出ています。

1990年代以降、政権政党は三公社五現業の国鉄や電電公社などを民営化したり、郵政を民営化したり、旧社会保険庁やNHKなどに「民間の活力」の名の下で政府に「賛同」する一部の企業の幹部を次々と送り込んでいます。政治と経済は人事と金を通じて極めて密接な関係を築き上げています。大企業のトップは収益に貢献しないもの(例えば保養所・グランドなどの厚生施設・退職OBへの援助など)を次々と切り捨てるとともに、政治を通じて規制を緩和して個人の野望を実現し、国民を犠牲にしてまで企業の存続と自己の保身を図ろうとしています。あまつさえ大企業は法人税の大幅値下げを実現するために、消費税の値上げを公然と主張しています。所得の低い人々の声は無視しています。法人税の値下げと輸出の消費税の戻り分で二重に得をしている企業もあります。それでいて商品の販促に妨げとなるとして高級品(自動車・ピアノなど)の物品税の復活は全く念頭にないようです。また、企業の収益の圧迫になる社会保険料の負担を軽くしようとしたり、労働者の企業への従属性を高めるために、専業主婦の配偶者控除を維持するばかりか、国民年金を強制加入にし、しかも無拠出にしています。それでいて企業を退職した高齢者が死ぬまで支払う健康保険料や介護保険料、そして自己負担分については企業の負担がないため、経済界のトップは全く関心を示しません。大企業のトップには元同僚の退職者への配慮がなく、「情けは人のためならず」は死語になっています。さらに、大企業は正社員を大幅にリストラし、非正規社員を多くしています。それら

の非正規の社員の社会保険料などの負担が派遣元の負担になるため，大企業の事業主負担は大幅に減少して「身軽に」なっています。まさに「企業あって社員なし，企業栄えて国民滅ぶ」の現実が生まれています。こんな現実が恒常化すれば，日本社会の格差は益々拡大し，日本の社会保障の発展は著しく阻害されます。何故ならば，大企業は法人税をなるべく支払わない，正規の労働者を雇用しないで利益をあげるとなれば，社会保障の原資の税や保険料がなくなるからです。強い者のみが生き残り，弱い者は切り捨てられる社会になれば，社会は著しく不安定となります。そこでもう一度社会保障の原点を考えてみます。それは人間の自由と平等，自由と生存であり，弱肉強食の否定です。いうならば，弱肉強食は理性と知性の否定です。今日の国の政策と経済界の人々の動きは，歴史の歯車を180度回転させるに等しい暴挙と言うべきです。今，求められているのは，人間の尊厳を確立し，貧富をなくすための平等な社会をつくり，所得の再分配のための税制を確立することです。それには企業も社会の一員として協力することです。トップはもう少し広い視野を持つことが期待されます。

16 おわりに

私はこの30年，全国各地に出向いて多数回にわたり講演をしたり，いろんな人々と日本の福祉の現状について協議をしてきました。私の講演を聴いた人々の感想文を読むと，「びっくりした」「驚いた」といった人が多いのが特徴です。それは，長年にわたってマスコミなどから「財政難」の話を聞いて，現状の低福祉をやむを得ないものとして受け入れていた人が全く違う視点から私の話を聞くからだと思います。民主主義とは多様な価値観を受け入れることとともに，人権を大切にすることだと改めて聞くからだと思います。私は世界と日本の人権保障と民主主義の意味をリベラルとヒューマニズムの視点から，政府の政策の異常性と非人間性を率直に語ります。そし

て憲法25条が国民の権利を保障しているのだから、国民が諦めたらダメだ、社会保障上の権利は国民が闘って勝ち獲るものだと述べるためかと思います。また、人間の尊厳と平等を実現するめに私が関与した多くの事例にもとづいて率直に話をし、国民よ、生活を護るために立ち上がれと叱咤するからだと思います。講演を聴いた人々に対し、今日はいい話を聞いたとして家に帰るのではなく、社会保障のあり方、個人の負担の限界などについてさらに深く学習するように呼びかけています。学習を重ねることによって現在の国の政策の問題点と国民の老後の暮らしのあり方が自ずと明らかになるはずです。私は社会保障の充実を回避して、財政難を主張する人に対して次の事実を紹介しています。社会保障の充実のためと称して制定された3％や5％の消費税は、社会保障のためにほとんど使われていないこと、それどころか国が「思いやり予算」で毎年2,000億円を米軍基地のために使ったり、これまでの国の専守防衛と無関係に自衛隊の海外派兵や集団的自衛権のために湯水のように公金を費消しようとしていること、国会議員は大企業から政治献金をもらうだけでは不足として政党交付金で600億円前後の税金を使っています。社会保険料を第2の予算と言われる財政投融資などの形で自由に費消し、国民休暇村やグリーンピア・サンピアの保養施設を作って官僚が天下りし、運営がズサンで赤字になったからとして閉鎖したり、株式市場のために年金などの保険料で株を購入して市場を事実上操作している事実があります。これらの動きを考えると、生活保護や年金の引き上げに反対する政治家の財政難だとかの言動は簡単に信用できないと主張しています。憲法の国民主権と財政民主主義の下では、社会保障の水準などは政治家や官僚が密室で決めるのではなく、前述したように多様な人々が集まって、特に社会保障を必要とする生活困窮者が多く入った審議会などで国民が決めるシステムを構築すべきだと提案しています。いずれにしても私の講演のスタイルは、高齢の人の生活実態をふまえて、高齢者の悲しみ・苦しみを

率直に話すところにあります。そして人間は要介護状態や認知症・寝たきりになっても、生きている限りは人々から愛されるべきだとしているところにあります。この考えは人間を生産に貢献するか、多年にわたって社会に貢献するかにかかわらず、そして所得や障害の有無にかかわらず、誰もが大切にされるべきだとの人権の思想にもとづいています。その意味で講演では人権の歴史と障害のある人の人権の重要性に再三にわたって言及しています。また、社会福祉に従事する人々の特質として人間を限りなく愛することができる人であり、この人々を大切にしなければならないとしています。また、障害のある人が普通の人々と一緒に社会で暮らせる社会は、高齢の人にも安心できる社会です。2015年5月末日、「キリン絆プロジェクト」「コバケンとその仲間たち、オーケストラin調布」で障害のある人とそうでない人、一流の演奏家と素人が混ざったオーケストラの演奏会に出向きました。一定の条件さえあれば、目の不自由な人や知的障害のある人も普通にオーケストラに参加して演奏できるのをみて、深く感動しました。共生とはこのようなことをいうのだと改めて実感しました。

　最後に、この本の執筆は2014年8月下旬から2015年6月までかかりました。毎日、早朝2時間ほどかけて執筆しましたが、十分でないのを自覚しています。ただ、現在の国の社会保障政策の現状と高齢者の生活の実態は、少しは明らかにできたと思っています。憲法25条と高齢者の生活実態と法知識については、私が45年ほどの間に各種の雑誌に発表した論文などをまとめた『1970年以降の生存権法理の展開と実践』(2012年5月自費出版) があります。拙著の「介護保険法と老人ホーム」『高齢者の生活の安定と法知識』『高齢者の法的支援と権利擁護』(いずれも創風社) を合わせて読んでいただければ幸いです。また、高齢者や障害者問題の裁判の取り組みなどについては、井上英夫・高野範城編の『社会保障法講義』(民事法研究会) 並びに拙著『社会保障立法と司法の役割』(創風社) 及び『人間

らしく生きる権利の保障』(創風社) を御一読下されば幸いです。

2015 年 7 月吉日

補　章

意見表明書（案）

1　趣旨
（1）この書面は私の今後の介護，医療，終末期医療，脳死などについての意見表明である。
（2）この書面は介護，医療などで，子どもと施設の担当者，そして医師，親族との間で意見が分かれた時，この書面を示して私の意思を尊重してもらうために作っている。
（3）なお，後見人もこの書面を参考にして欲しい。

2　介護と成年後見について
（1）私が要介護状態になった時は，四季の変化が実感でき，思い出のいっぱいある在宅での介護を望んでいる。自宅でヘルパーを雇用し，身体，食事，入浴等の介護をして欲しい。
（2）問題は，私が認知症になって自宅での介護が著しく困難になった時は，近くでのグループホーム，特養ホームなどでの介護もやむを得ないと考えている。
（3）私の介護のために，子どもは仕事を中断したり，断念をせず，就労を継続することを心より望む。
（4）後見人等に望むこと
　① 私は現在の住居で人生の最後のステージを迎えたいと考えているので，介護は可能な限り在宅でお願いしたい。
　② 介護に要する費用は，私の預貯金の中から，私が100歳まで生きることを前提にケアプランを立て，その範囲で毎月の出費

や生活費等を計画して欲しい。私が判断能力が減退したと見えるときでも，50代，60代等で私が好んだもの（例えば，映画・芝居・花見など）は，可能な限りヘルパー付きで実現して欲しい。
③ 施設での介護（病院を含む）が必要になったときは，なるべく友人・知人が訪問しやすい近隣での介護を望む。

3　医療
（1）私が病気になり，治療・手術を要するようになった時は，最高水準とは言わないが，地域で，ある程度高い水準の医療機関での治療・手術を望む。
（2）手術の是非が問題となる時は，回復の可能性が高い時は是非，手術を望むが，セカンドオピニオンでも50％を大きく下回る時は手術を望まない。
（3）私が90歳になった時，簡単な手術は別として，生死に関わる手術は望まない。

4　終末医療
（1）何を終末医療と呼ぶかは医療水準の変化で争いがあるが，治療や手術の効果が乏しく，かつ，生存のためだけの延命治療を私は望んでいない。
（2）在宅で終末期を迎えることが可能であるならば，それを望むが，医学上在宅での治療が困難である時は，病院での終末期の治療は症状を和らげる痛み止め等以外は原則として必要と考えていない。
（3）医師と家族との間で治療の方法や効果に争いが生じた時は，専門の医師の判断に従って欲しい。

5　脳死
（1）脳死立法の制定により，生前に脳死に関する意見を予め明示

しなければ，家族が臓器の移植に賛成していると見なされるようになったので，私の意見を本書面で表明する（本書面では2案を提案している）。

　（A案）私は高齢であり，私が脳死の場合でも，第三者への臓器の移植は望まない。ただ，私の家族に移植を望む者がいる時は賛成する。それ以外は全て移植は拒絶するというのが私の意思である。

　（B案）私はこれまで多くの人のお世話で生きてこられたので，私の臓器が役立つならば，第三者への臓器の移植を望む。家族は私の意思を尊重して欲しい。

(2) 脳死に関する複数の医師の判断は，家族は最大限尊重して欲しい。心臓が動いていても脳死は死であることを家族は受容すること。

6　おわりに

(1) 私は人間として尊厳ある生き方を望んでいる。介護・医療等が私の自尊心を傷つけることがないことを望む。

(2) 私は家族の愛情を重視するが，家族に迷惑をかけてまで生きることを望んでいない。ただ率直に言えば，人生の最後まで家族に感謝し，家族から敬愛されるような生き方を望んでいる。

(3) 私は財産の処分については，既に公正証書を作成しているので，遺言執行者の指示に従って欲しい。なお，私の蔵書については，研究者の〇〇大学の△△先生に寄贈して下さい。家族や△△先生に不要なものは処分してもらって下さい。最後に，お墓はかねてより準備をしているので，そこに納骨して下さい。

　　　年　　　月　　　日
　　　住　所
　　　氏　名

後見人になる人へ

　この書面は，私が判断能力が減退したり喪失した時に，後見人になる人のために，私がどんな後見を望むかを参考までに作成しています。この書面は意見表明書と一体となるものであり，後見業務を始めるにあたって，もしくは後見業務の途中で迷った時に，後見人に参考にしていただければ幸いです。
　なお，私には子どもがいます。子どもたちには日頃から私の生き方，老後のことなどについて率直に話をしています。それゆえ，可能ならば子どもに後見人になってもらえれば私の最善の利益についても適切に判断してもらえると思います。専門職の人が後見人になったときは，私がこれまで作成した小冊子などや本書面をじっくりと読んで，業務にあたってもらえれば幸いです。
　私は昭和20（1945）年に北海道の増毛町で生まれました。その頃の増毛はにしん漁で賑わっていました。しかし，昭和29年以降，にしんが獲れなくなり，町は勿論，我が家も多大の打撃を被りました（この間の経過については私の父の13回忌に町の皆さん，兄姉などの協力を得て作った『北方に生きる』という小冊子と，私の『故郷』という小冊子に詳しく述べています）。私は故郷の関係で山よりは海が好きです。
　私はにしんに象徴される自然に依存する生き方ではなく，自分の力，能力で生きるようにとの父の指示に従って，昭和39年，大学へ入るために汽車に27時間（途中青函連絡船あり）乗って上京しました。杉並区の阿佐ヶ谷で兄と三女の姉の，3人で4年近く暮らしました。私が学生のとき，長姉が司法試験に合格していましたので，私もその道に進みました。私は故郷で見聞した，いろんな貧しい人々や商売人などで，私を必要としている人々のために早く役立ちたいと思って猛烈に勉強し，幸いに大学4年の時に司法試験に合格しま

した。

　昭和45（1970）年4月に弁護士になりました。当時の社会は四大公害裁判に象徴されるように，高度経済成長の中で大企業が住民の生命・身体を害しても利益の確保に狂信するという風潮があったのと，そのような大企業の横暴に対して知識人と住民が社会連帯の立場から公害反対運動に全国各地で立ち上がるという，国民の権利意識が非常に高揚していた時期でもありました。また，沖縄返還，小選挙区制反対，大幅賃上げ，公務員のスト権回復などをめぐってデモやストなどが度々労働組合を中心に行われていました。私はそんな嵐のような社会状況の下で，教育と社会保障に関与していた法律事務所に入りました。弁護士となっての10年間は私も様々な社会的な紛争に関与し，土日を問わず活動をしました。私がこれまで主として関与した分野は憲法25条の社会福祉（子どもから高齢者まで）そして憲法26条の教育，憲法27条・28条の労働基本権，そして憲法29条の財産権（区画整理など）などの分野です（これらの私の取組みは，拙著『人間らしく生きる権利の保障』創風社，『50年ぶりの『近況』報告』という冊子に詳しい）。

　私は弁護士という仕事の傍ら，現在の地に引っ越してからは地域の人々とも運動会やソフトボール・インディアカ・テニスなどのスポーツや，青少年の健全育成の団体である『青少協』を通じて学校・地域・家庭の三者と協力して，様々な問題に取組んできました（この経過については拙著『子どもたちの事件と大人の責任』創風社 に詳しい）。また，市役所などから頼まれて，知的障害者の施設や特養ホーム・保育所などの役員として関与したり，相談にも乗ってきました。

　他方，私は弁護士になった直後の忙しい時は別として，家族との生活を大切にしてきました。全国各地を家族と一緒に旅行したり，桜や紅葉の時期には京都などの観光地へよく出かけました（拙著『自分らしく生きる』を参照）。また，オリンピックの中継などは家族と

共に関心を持って見つめていました。正月の箱根駅伝，3月と8月の高校野球，12月の高校駅伝は好きです。私は父母の影響もあって，映画をよく見ます。『7人の侍』『砂の器』『スティング』『ニューシネマパラダイス』『アラビアのロレンス』『ベン・ハー』チャップリンの『独裁者』『サーカス』などが好きです。できればビデオを見たいと思います。

　私の判断能力がなくなった時の財産管理や介護そして病気の治療などについて若干述べます。
① まず，私の財産ですが，土地・建物，預貯金などがあります（その明細は家族が知っています）。病気や介護のために優先的に使って欲しいと思います。
② 介護は在宅介護で，介護保険だけでは不十分な時は，家族に迷惑をなるべくかけないよう上乗せ，横出し分の介護サービスを自己負担で行って欲しいと思います。
③ 私が認知症になって周囲に迷惑をかけたり，挙動不審になった時は，グループホームや特養ホーム（できれば個室）などの施設に入れてください。どの施設が良いか迷うかも知れませんが，私が長年関与してきた社会福祉法人の特養ホームも対象に選んでみて下さい。
④ 私は株や投資信託などは嫌いですので，後見人といえどもこれはやめて下さい。

　私の判断能力がなくなっても，自宅か特養ホームかは別として，介護期間中にはなるべく四季を感じたり，おいしい食事をしたいと思います。
① 桜や紅葉の時期は，ガイドヘルパー付きで近くの公園などへ外出して，花見をしたいと思います。
② 近くの小学校などで運動会があるならば，見学したいと思いま

す。
③ 食事はたまには刺身や寿司，ラーメン・うどんなどの麺類が食べられれば幸いです。そして週に1回はおいしいお酒（例えば『越の寒梅』や『14代』）を飲めれば幸いです。
④ お風呂は週に3回ぐらいは入りたいと思います。
⑤ 家族には月に2回ぐらい会って昔話や近況について話ができればと思います。
⑥ 年に数回は箱根か熱海の温泉に入れれば，幸福を実感できるかと思います（無理かも知れませんが）。

　私が認知症や要介護状態になったとしても，普通の人間として誇りがあります。私の排泄などの失敗などについて批判されると恐らく傷つきます。そして生きる気力を失いかねません。ただ相手へそれを伝えることができないだけと理解して下さい。丁寧な言葉と介護を心より望みます。
　ところで，私が通院していた病院は，○○病院であり，ここでは血圧などの治療を受けていました。また，健康診断のデータは家に幾つかありますので，病気の治療の方針の参考にしていただければと思っています。
　最後に，後見業務を遂行する上で迷った時や，身上監護に関することで不明なことがあった時は，家族とは仕事のうえでも日々一緒に行動し，日頃から私の希望はいろんな機会に述べています。また，沢山の小冊子でも明らかにしています（例えば『65歳，これまでこれから』『高齢社会におけるホームロイヤーの役割』『高齢の人と障害のある人が成年後見制度を利用するには』『『後期』高齢者の生活保障』など）。後見業務の参考にしていただければ幸いです。

関与した主な社会保障裁判など

（1）宮公訴訟（昭和 45 年訴え提起，東京地判昭 49.4.24）
　　　恩給と老齢福祉年金の併給事件
☆ 判例時報 740 号，別冊ジュリスト重要判例解説 昭和 49 年度版
☆ 社会保障判例百選 2 版
☆ 拙稿「堀木――宮訴訟の系譜」法と民主主義（昭和 49.8）

（2）堀木訴訟（最高裁昭 57.7.7）
　　　障害福祉年金と児童扶養手当の併給をめぐる事件
☆ 憲法判例百選第 4 版
☆ 判例時報 1051 号 29 ページ，別冊ジュリスト重要判例解説 昭和 57 年度版
☆ 拙稿『社会保障裁判の特徴と課題』（昭和 63 年）
　『全盲の母はたたかう』ミネルヴァ書房
　『堀木訴訟運動史』法律文化社

（3）第 2 藤木訴訟（東京地判 昭 54.4.11）
　　　生活保護家庭の裁判を受ける権利の事件
☆ 社会保障判例百選第 3 版
☆ 判例時報 923 号 23 ページ，別冊ジュリスト重要判例解説 昭和 54 年度版
☆ 拙稿『社会保障における裁判を受ける権利』自由と正義（1978 年 2 月）
☆ 『藤木生存権訴訟』汐文社

（4）加藤訴訟（秋田地判 平成 5.4.23）

生活保護と預貯金の保有をめぐる事件
☆ 社会保障判例百選第 3 版
☆ 判例時報 1459 号，別冊ジュリスト重要判例解説 平成 5 年度版
☆ 拙稿『福祉冬の時代の中の燭光——賃金と社会保障』1993 年
　10 月
☆『福祉が人を殺すとき』あけび書房

（5）宮岸訴訟（東京地判 平成 9.2.27）
　　障害年金と老齢年金の併給をめぐる事件
☆ 社会保障判例百選 第 4 版
☆ 判例時報 1607 号

（6）玉野訴訟（大阪高判 平成 2.7.12）
　　言語障害者の政治活動をめぐる事件
☆ 判例タイムズ 827 号
☆ 以上（5）（6）については拙著『無視され，気がつかずにい
　た障害者の権利について』（1999 年 7 月）
☆『障害をもつ人々と参政権』法律文化社

（7）川野訴訟（長野地判 平成 8.11.19，東京高裁 平成 10.7 和解
　職場復帰）
　　透析患者（2 級の障害者）の雇用と解雇をめぐる事件
☆ 拙稿『実質的勝訴の意義と残された課題』（1988 年 9 月）全腎
　協

（8）中島訴訟（福岡高判 平成 10.10.9）
　　生活保護と学資保険の収入認定をめぐる事件
☆ 判例タイムズ 994 号 66 ページ，別冊ジュリスト社会保障
　判例百選 第 3 版

☆ 判例時報 1854 号 28 ページ
（9）まり子ちゃん事件（千葉地裁松戸支部 昭和 63.12.2）
　　保育所での乳児の死亡事件
☆ 判例時報 1302 号
☆ ジュリスト社会保障判例百選

（10）学生無年金障害者の事件
　　国民年金法 30 条の 4 の事件
☆ 判例時報 1852 号
☆ 憲法判例百選 第 5 版
☆ 社会保障判例百選 第 4 版
☆ 『学生無年金障害者訴訟，生きる希望を求める憲法裁判』全障研出版部
☆ 拙稿『障害者の所得保障施策の検討』障害者問題研究（2001 年 2 月）

（11）日航株主代表訴訟
　　障害者の雇用と法定雇用率をめぐる取締役の責任
☆ 『自己実現のための福祉と人権』中央法規出版（1995 年）
☆ ケーススタディ『障害と人権』生活書院（2009 年）

（12）特別障害給付金不支給事件
　　前記（10）の事件後に制定された特別立法の特別障害給付金不支給をめぐる事件。東京地判平成 17 年 8 月 2 日全面勝訴（一審で確定）

（13）帝京安積柴崎解雇事件
　　組合の書記長に対する学園関係者による銃撃事件後 2 週間以内に他の教員が恐怖と緊張で脳出血で倒れ，2 級の障害者とな

る。数年後には職場復帰を果たしたものの,その後学園により解雇される。福島地裁郡山支部平成24年3月16日判決(仙台高裁で和解)

(14) 重婚的内縁関係と遺族年金の請求事件

(15) その他
　　老人ホームの介護事故の裁判と相談
　　保育所などでの保育事故の相談など
　　障害者団体の事故や不祥事をめぐる相談
　　企業の労災事故の裁判及び相談

参考文献

〈第1章——第1節, 第2章——第1節〉
(家族の変容と扶養)
依田精一『家族思想と家族法の歴史』吉川弘文館。
関口裕子ほか『家族と結婚の歴史』森話社。
上野千鶴子『近代家族の成立と終焉』岩波書店。
上野千鶴子・鶴見俊輔・中井久夫・中村達也・宮田登・山田太一『シリーズ変貌する家族5家族の解体と再生6家族に侵入する社会』岩波書店。
天野正子ほか編『新編日本のフェミニズム3 性役割』岩波書店。
岩上真珠『ライフコースとジェンダーで読む家族』有斐閣。
岩本由輝・大藤修編『家族と地域社会』早稲田大学出版会。
朝日新聞テーマ談話室編『家族 上・下』朝日新聞。
鎌田慧『ドキュメント家族』ちくま文庫。
森岡清美『無縁社会に生きる』佼成出版。
加茂直樹『現代日本の家族と社会保障』世界思想社。
藤田省三『天皇制と国家の支配原理』未来社。
利谷信義『現代家族法学』法律文化社。
新井誠・佐藤隆夫編『高齢社会の親子法』勁草書店。
谷口ほか編『現代家族法大系3』有斐閣。
小島妙子 伊達聡子 水谷英夫『現代家族の法と実務』日本加除出版。
野々山久也編『家族福祉の視点』ミネルヴァ書房。
芦沢俊介『家族という意思』岩波新書。
本山敦ほか『家族法』日本評論社。
利谷信義『家族の法』有斐閣。

〈第1章——第2節, 第2章——第2節〉
(社会保障政策と高齢者の生活)
大河内一男 岸本英太郎編『労働組合と社会政策』有斐閣。
内海洋一編『高齢者社会政策』ミネルヴァ書房。

社会保障研究所編『社会保障の基本問題』東京大学出版会。
小塩隆士 田近栄治 府川哲夫『日本の社会保障政策』法律文化社。
加藤久保『社会政策を問う』明治大学出版会。
大山博・武川正吾編『社会政策と社会行政』法律文化社。
金森久雄・島田晴雄・伊部英男『高齢化社会の経済政策』。
久本憲夫『日本の社会政策』ナカニシヤ出版。
小川政亮 垣内国光 河井克義編『社会福祉の利用者負担を考える』ミネルヴァ書房。
唐鎌直義『日本の高齢者は本当にゆたかか』萌文社。
井上英夫『高齢者の人権が生きる地域づくり』自治体研究社。
河合克義 菅野道生 板倉香子編『社会的孤立問題への挑戦』法律文化社。
岩田正美『老後生活費』法律文化社。
菊地馨実『社会保障の法理念』有斐閣。

〈第2章——第2節〉
(社会保障の歴史)
福澤直樹『ドイツ社会保険史』名古屋大学出版会。
山田雄二監訳『ベヴァリッジ報告,社会保険および関連サービス』至誠堂。
一圓光彌監訳『ベヴァリッジ報告,社会保険および関連サービス』法律文化社。
伊藤周平『社会保障史・恩恵から権利』青木書店。
大澤真理『イギリス社会政策史』東京大学出版会。
塩野谷九十九・平石長久『ILO社会保障への途』東京大学出版会。
大内兵衛編『戦後における社会保障の展開』至誠堂。
田多英範『日本社会保障制度成立史論』光生館。
横山和彦・田多英範編著『日本社会保障の歴史』学文社。
小川政亮『社会保障権——歩みと現代的意義』 自治体研究社。
高藤昭『社会保障法の基本原理と構造』法政大学出版局。
氏原正次郎ほか『社会保障講座1——社会保障の思想と理論』総合労働研究所。
佐藤進『世界の高齢者福祉政策』一粒社。
小川政亮『社会事業法制』(第4版) ミネルヴァ書房。

柴田嘉彦『日本の社会保障』新日本出版。
社会保障研究所『戦後の社会保障 資料』至誠堂。
北場勉『戦後「措置制度」の成立と変容』法律文化社。
糸賀一雄『福祉の思想』日本放送出版協会。
岡本多喜子『老人福祉法の制定』誠信書房。
久塚純一・大曽根寛『社会保険と市民生活』放送大学教育振興会。

〈第2章——第3節〉
(福祉国家と財政)
高岡裕之『総力戦体制と「福祉国家」』岩波書店。
東京大学社会科学研究所編『転換期の福祉国家（上)』東京大学出版会。
東京大学社会科学研究会編『福祉国家5——日本の経済と福祉』東京大学出版会。
佐々木寿美『福祉国家論』学陽書房。
二宮厚美・福祉国家構想研究会編『福祉国家型財政への転換』大月書店。
井上英夫・後藤道夫・渡辺治『新たな福祉国家を展望する』旬報社。
斉藤慎・山本栄一・一圓光彌『福祉財政論』有斐閣ブックス。
手塚和彰『国の福祉にどこまで頼れるか』中央公論社。
林宏昭『税と格差社会』日本経済新聞出版社。
神野直彦・金子勝編『福祉政府への提言』岩波書店。
富永健一『社会変動の中の福祉国家』中公新書。
成瀬龍夫『国民負担のはなし』自治体研究社。
日本財政法学会編『福祉と財政の法理』龍星出版。
圷洋一『福祉国家』法律文化社。
三木義一『日本の税金』岩波新書。
村上龍『あの金で何が買えたか』小学館。
盛山和夫『社会保障が経済を強くする』光文社新書。
神野直彦『財政のしくみがわかる本』岩波ジュニア新書。

〈第3章〉
(人権と社会保障)
辻村みよ子『フランス革命の憲法原理』日本評論社。

宮崎繁樹編『国際人権規約』日本評論社。
深瀬忠一・樋口陽一・吉田克己編『フランス革命200年記念人権宣言と日本』勁草書房。
小川政亮編『人権としての社会保障原則』ミネルヴァ書房。
中村睦男『社会権法理の形成』有斐閣。
ダニー・ピーテルス・河野正輝監訳『社会保障の基本原則』法律文化社。
沼田稲次郎・松尾均・小川政亮編『社会保障の思想と権利』労働旬報社。
杉原泰雄『人権の歴史』岩波書店。
坂本重雄『社会保障と人権』勁草書房。
小川政亮『家族・国籍・社会保障』勁草書房。
井上英夫・高野範城『実務社会保障法講義』民事法研究会。
小川政亮『権利としての社会保障』勁草書房。
長瀬修・東俊裕・川島聡編『障害者の権利条約と日本』生活書院。
大須賀明『生存権論』日本評論社。
小川政亮『高齢者の人権』自治体研究社。
小川政亮『社会保障裁判』ミネルヴァ書房。
福祉文化学会監修『自己実現のための福祉と人権』中央法規出版。
矢島理絵・田中明彦ほか編『人権としての社会保障』法律文化社。
鈴木勉『ノーマライゼーションの理論と政策』萌文社。
荒木誠之先生還暦祝賀論文集『現代の生存権』法律文化社。
葛西まゆこ『生存権の規範的意義』成文堂。
樋口陽一『比較憲法』（全訂第3版）青林書院。
ユネスコ編『参加型で学ぶ中高生のための世界人権宣言』明石書店。
ラルフ・ペットマン『人権のための教育』明石書店。
花村・春木沢著『ノーマリゼーションの父　N. E. バンクーミケルセン』ミネルヴァ書房。
全社協『ADA障害をもつアメリカ国民法』。

〈第3章——第4章〉
（裁判及び運動関係）
朝日訴訟運動史編纂委員会編『朝日訴訟運動史』草土文化。

編集代表小川政亮『堀木訴訟運動史』法律文化社。
堀木文子・上坪陽共編『堀木文子からあなたへ』あいわ出版。
深沢一夫『藤木生存権訴訟』汐文社。
社会保障運動史編集委員会編『社会保障運動史』労働旬報社。
中央社会保障推進協議会編『人間らしく生きるための社会保障運動』。
障害者自立支援法違憲訴訟弁護団編『障害者自立支援法違憲訴訟』生活書院。
高谷清『透明な鎖』大月書店。
障害と人権全国弁護士ネット編『ケーススタディ 障害者と人権』生活書院。
障害と人権全国弁護士ネット編『障害者差別よ、さようなら』生活書院。
篠崎次男編『21世紀に語りつぐ社会保障運動』あけび書房。
黒津右次・藤原精吾編『全盲の母はたたかう』ミネルヴァ書房。
槙枝元文『官公労働運動』労働旬報社。
小島健司『春闘の歴史』青木書店。
薬害肝炎全国弁護団編『薬害肝炎裁判史』日本評論社。
ハンセン病違憲訴訟弁護団『開かれた扉』講談社。
亀山忠典他編『薬害スモン』大月書店。
水俣病訴訟弁護団編『水俣病救済における司法の役割』花伝社。

〈第4章――第1節〉
(低所得者と公的扶助)
日本社会事業大学救貧制度研究会編『日本の救貧制度』勁草書房。
栃木県弁護士会編『生活保護の解釈と実務』ぎょうせい。
山田篤裕ほか編『最低生活保障と社会扶助基準』明石書店。
岩永理恵『生活保護は最低生活をどう構想したか』ミネルヴァ書房。
神吉知郁子『最低賃金と最低生活保障の法規制』信山社。
庄司洋子・杉村宏・藤村正之編『貧困・不平等と社会福祉』有斐閣。
NHK取材班『生活保護3兆円の衝撃』宝島社。
藤藪貴治・尾藤廣喜『生活保護ヤミの北九州方式を糾す』あけび書房。
水島宏明『母さんが死んだ』社会思想社。
公人の友社編『池袋母子餓死日記』公人の友社。
唐鎌直義『脱貧困の社会保障』旬報社。

公的扶助研究会『生活保護50年の軌跡』みずのわ出版。
寺久保光良『貧困と闘う人々』あけび書房。
大友芳恵『低所得高齢者の生活と尊厳軽視の実態』法律文化社。
江口英一編『社会福祉と貧困』法律文化社。
古賀昭典編『現代公的扶助法論』法律文化社。
駒村康平編『最低所得保障』岩波書店。
近畿弁護士会連合会編『生活保護と扶養義務』民事法研究会。
全国「餓死」「孤立死」問題調査会編『餓死・孤立死の頻発を見よ』あけび書房。
産経新聞大阪社会部『生活保護が危ない』扶桑社新書。
和久井みちる『生活保護とあたし』あけび書房。

〈第4章——第2節〉
(医療制度)
井上英夫・上村政彦・脇田滋編『高齢者医療保障』労働旬報社。
社会保障研究所編『医療保障と医療費』東京大学出版会。
島崎謙治『日本の医療——制度と政策』東京大学出版会。
吉原健二・和田勝著『日本医療保険制度史』東洋経済新報社。
厚生省保険局国民健康保険課監修逐条詳解『国民健康保険法』中央法規出版。
二木立『医療改革と病院』勁草書房。
二宮厚美・福祉国家構想研究会編『誰でも安心できる医療保障へ』大月書店。
横山嘉一編『皆保険を揺るがす「医療改革」』新日本出版。
印南一路ほか『生命と自由を守る医療政策』東洋経済新報社。
倉田聡『医療保険の基本構造』北海道大学図書刊行会。
西村周三『医療と福祉の経済システム』ちくま新書。
相澤興一『医療費窓口負担と後期高齢者医療制度の全廃を』創風社。
アメリカ医療視察団『苦悩する市場原理のアメリカ医療』あけび書房。
井上英夫『患者の言い分と健康権』新日本出版社。
佐藤幹夫『ルポ 高齢者医療』岩波新書。
伊藤周平『後期高齢者医療制度』平凡社新書。

武内和久・竹之下泰志『公平・無料・国営を貫く英国の医療改革』集英社新書。
武内孝仁『医療は「生活」に出会えるか』医歯薬出版。
大森正博『医療経済論』岩波書店。
月村裕夫編『医療と人間』岩波新書。
手嶋豊『医事法入門』有斐閣。
加藤一郎・森島昭夫編『医療と人権』有斐閣。

〈第4章——第2節〉
（年金制度）
吉原健二『わが国の公的年金制度——その生い立ちと歩み』中央法規。
有泉亨・中野徹雄編『国民年金法』日本評論社。
小山進次郎『国民年金法の解説』時事通信。
駒村康平『年金はどうなる』岩波書店。
本沢一善『日本の年金制度』学文社。
佐藤進編『最新版ハンドブック公的年金』青林書院。
堀勝洋『年金保険法 第3版』法律文化社。
江口隆裕『変貌する世界と日本の年金』法律文化社。
田中章二『遺族年金 障害年金——離婚時の年金Q&A』清文社。
厚生省年金局数理課監修『年金と財政』七訂『国民年金 厚生年金保険法改正の逐条解説』中央法規出版。
山口光恒『現代のリスクと保険』岩波書店。
山崎圭『国民年金法のしくみ』。
社団法人日本国民年金協会厚生省年金局年金課『詳解 新年金制度』社会保険法規研究会。
九条清隆『巨額年金消失 AIJ事件の深き闇』角川書店。
砂川和彦『変額年金保険』金融財政事情研究会。
C・ギリオンほか『社会保障年金制度』法研。

〈第4章——第3節〉
（介護問題）
伊藤周平『介護保険』青木書店。

伊藤周平『検証 介護保険』青木書店。
伊藤周平『介護保険法と権利保障』法律文化社。
佐藤進・河野正輝編『介護保険法』法律文化社。
日本福祉大学社会福祉学会編『真の公的介護保障めざして』あけび書房。
中井清美『介護保険』岩波新書。
毎日新聞「長命社会」取材班編『介護地獄』講談社。
足立正樹『各国の介護保障』法律文化社。
本沢巳代子『公的介護保険』日本評論社。
相澤興一『社会保障の保険主義化と公的介護保険』あけび書房。
信濃毎日新聞取材班『認知症と長寿社会』講談社。
新井誠・秋元美世・本沢巳代子編『福祉契約と利用者の権利擁護』日本加除出版。
横田一『介護が裁かれるとき』岩波書店。
加藤悦子『介護殺人』クレス出版。
武田京子『老女はなぜ家族に殺されるのか』ミネルヴァ書房。
山井和則『こんな介護施設を選びなさい』青春出版社。
鈴木栄『特別養護老人ホーム』日本放送出版協会。
本間郁子『間違えてはいけない老人ホームの選び方』あけび書房。
上野千鶴子ほか『ケアを実践するしかけ』岩波書店。
高野静子『有料老人ホーム発――老いを考える夫婦有情の名刺』雄鶏社。
日弁連高齢者・障害者の権利に関する委員会編『高齢者・障害者施設での金銭管理Q＆A』あけび書房。
日弁連高齢者・障害者の権利に関する委員会編『高齢者虐待防止法』民事法研究会。
本間郁子『特養ホーム入居者のホンネ・家族のホンネ』あけび書房。
高橋和夫『老いが老いを介護するということ』あけび書房。
鈴木栄『特別養護老人ホーム』日本放送出版協会。

〈第5章――第1節〉
（消費者被害・離婚）
第1東京弁護士会人権擁護委員会編『離婚をめぐる相談100問100答』ぎょうせい。

東京弁護士会法友会会期会家族法研究会編『離婚・離縁事件実務マニュアル』ぎょうせい。
離婚事件実務研究会編『判例にみる離婚原因の判断』新日本法規。
宇田川濱江ほか『離婚給付算定事例集』新日本法規。
名戸谷豊ほか『Q&A 高齢者の消費者トラブル』日本加除出版。
高橋恒夫ほか『金融取引高齢者トラブル対策 Q&A』経済法令研究会。
福岡県弁護士会消費者委員会編『消費者事件実務マニュアル』（補訂版）民事法研究会。
小澤吉徳編『高齢者の消費者被害 Q & A』学陽書房。

（住宅問題とケア）
日本住宅会議『私達はどこで老いるか──高齢化社会と住宅問題』ドメス出版。
早川和男『居住福祉』岩波新書。
中山博文『老いを自分の家ですごしたい』保健同人者。
井上英夫『住み続ける権利』新日本出版社。
日弁連高齢者・障害者の権利に関する委員会編『高齢者・障がい者の住まい Q&A』あけび書房。
監修 京極高宣『サービス付き高齢者向け住宅の意義と展望』大成出版。
大川一興・衣川哲夫・小川政亮『個室のある老人ホーム』萌文社。
外山義『クリッパンの老人たち』ドメス出版。
伊藤シヅ子『呼び寄せ高齢者』風媒社。
岩田正美・平野隆之・馬場康彦『在宅介護の費用問題』中央法規。
佐藤智編『在宅ケアを考える』日本評論社。
早川和男・岡本祥浩『居住福祉の論理』東大出版会。
光野有次『バリアフリーをつくる』岩波新書。
早川和男編『ケースブック 日本の居住貧困』藤原書店。
古瀬敏『人にやさしい住まいづくり』都市文化社。

〈第5章──第2節〉
（成年後見と財産管理）
田山輝明編『成年後見制度と障害者権利条約』三省堂。

新村繁文ほか『「社会的弱者」の支援に向けて』明石書店。
新井誠・赤沼康弘・大貫正男『成年後見制度』有斐閣。
松川正毅編『成年後見における死後の事務』日本加除出版。
上山泰『専門職後見人と身上監護』第2版。
民事法研究会赤沼康弘ほか『新しい財産管理――身上監護の実務』日本法令。
石井眞司・伊藤進監修『新成年後見制度と銀行取引Q&A』BS1エデュケーション。
宇津木旭『トラブル事例で学ぶ高齢者の財産取引Q&A』ビジネス教育出版社。
野村重信『預金者死亡と相続実務早わかり』BS1エデュケーション。
寳金敏明 監修『活用しよう任意後見』日本加除出版。
社会福祉士養成講座編集委員会編『権利擁護と成年後見制度』中央法規。

〈第6章――第1節,第2節〉
(遺言・遺産分割・相続)
小倉・篠田・渡辺・岡崎編『ケース別遺言書作成マニュアル』新日本法規。
NPO法人「遺言・相続リーガルネット」編『遺言の書き方,相続のしかた』日本加除出版。
本田佳子『想いが通じる遺言書と生前3点契約書のつくり方』日本実業出版社。
上原裕之・高山浩平・長秀之『遺産分割』青林書院。
永石一郎・下田久・鷹取信哉『ケース別遺産分割協議書作成マニュアル』新日本法規。
NPO法人遺言・相続リーガルネットワーク編『遺言条項例278』日本加除出版。
遺言・相続実務問題研究所編『遺言・相続・法務の最前線』新日本法規。
日本税理士会連合会『相続・贈与実務必携』東林出版社。
満渕賢考『相続税の節税戦略』清文社。
第一東京弁護士会司法研究委員会編『裁判例に見る特別受益・寄与分の実務』ぎょうせい。

〈第6章——第3節〉
(終活)
残間里江『閉じる幸せ』岩波新書。
斉藤美奈子『冠婚葬祭のひみつ』岩波新書。
宗教法制研究会編『宗教法人の法律相談』民事情報センター。
藤井正雄・長谷川正浩『墓地納骨堂をめぐる法律実務』新日本法規。
川人明『自宅で死にたい』祥伝社。
三省堂企画編集部『現代冠婚葬祭辞典』三省堂。
南和子『暮らしの老いじたく』ちくま文庫。
茨城県弁護士会編『墓地の法律と実務』ぎょうせい。
石飛幸三『「平穏死」という選択』幻冬舎。
木村榮治『「遺品整理士」という仕事』平凡社新書。

〈終章〉
岩波書店編集部編『私の定年後』岩波書店。
岩波書店編集部編『定年後』岩波書店。
加藤仁『定年後』岩波新書。
三輪裕範『50歳からの知的生活術』ちくま新書。
岩波書店編集部編『これからどうなる』岩波書店。
岩波書店編集部編『これからどうする』岩波書店。
鶴見俊輔編『老いの生き方』ちくま文庫。
上野千鶴子『おひとりさまの老後』法研。
山根常男 監修『家族と福祉の未来』全社協。
安藤忠雄ほか『人生を考えるのに遅すぎることはない』講談社。
室田保夫編『人物でよむ近代日本社会福祉のあゆみ』ミネルヴァ書房。

〈全体 その1〉
(震災と津波・原発)
震災対応セミナー実行委員会編『3.11大震災の記録』民事法研究会。
森英樹・白藤博行・愛敬浩二『3.11と憲法』日本評論社。
日弁連災害復興支援委員会編『災害対策マニュアル』商事法務。

影浦峡『信頼の条件』岩波書店。
日野行介『福島原発事故被災者支援政策の欺瞞』岩波新書。
塩崎賢明『復興災害』岩波新書。
岡田広行『被災弱者』岩波新書。
広川隆一『福島原発と人々』岩波新書。
岩波書店編集部『3.11を心に刻んで2015』。
横湯園子『魂への旅路』岩波書店。
創風社編集部『震災の石巻――再生の道』創風社。
鹿砦社特別取材班『タブーなき原発事故報告書』鹿砦社。
池上正樹・加藤順子『あのとき大川小学校で』青志社。
内橋克人編『大震災のなかで』岩波新書。
島本慈子『倒壊 大震災で住宅ローンはどうなったか』ちくま文庫。
塩谷喜雄『原発事故報告書の真実とウソ』文藝春秋。
渋井哲也ほか『復興なんてしていません』第三書館。

〈全体 その2〉
（平等と格差）
塩野谷祐一『経済と倫理』東大出版社。
白波瀬佐和子『日本の不平等を考える』東大出版会。
盛山和夫・上野千鶴子・武川正吾編『公共社会学2――少子高齢社会の公共性』東大出版会。
伊多波良雄・塩津ゆりか『貧困と社会保障制度』晃洋書房。
宮島洋＋連合総合生活開発研究所編『日本の所得分配と格差』東洋経済新報社。
長谷部恭男ほか編『現代法の動態3――社会変化と法』岩波書店。
アマルティア・セン『不平等の再検討』岩波書店。
森岡孝二編『格差社会の構造』桜井書店。
脇田滋・矢野昌浩・木下秀雄編『常態化する失業と労働・社会保障』日本評論社。
後藤道夫・吉崎祥司・竹内章郎・中西新太郎・渡辺憲正『格差社会とたたかう』青木書店。
斉藤貴男『強いられる死 自殺者3万人超の実相』角川学芸出版。

赤名千衣子『ひとり親家庭』岩波書店。
熊沢誠『女性労働と企業社会』岩波新書。
京都府保険医協会編『社会保障でしあわせになるために』かもがわ出版。
朝日新聞経済部『限界にっぽん』岩波書店。
ジェレミー・シーブルック・渡辺景子訳『世界の貧困』青土社。
遠藤公嗣ほか『労働・社会保障政策の転換を』岩波ブックレット。

〈全体　その3〉
（資料）
社会保障辞典編集委員会編『社会保障辞典』大月書店。
厚生省編『昭和56年厚生白書』大蔵省印刷局。
厚生省編『平成7年版厚生白書』（株）ぎょうせい。
厚生省編『平成8年版厚生白書』（株）ぎょうせい。
厚生労働省編『平成23年版厚生労働白書』全国官報販売協同組合。
内閣府『平成26年版高齢社会白書』日経印刷（株）。
週刊社会保障編集部編『平成26年版社会保障便利事典』法研。
大森正英編集代表『改訂　医学用語辞典』中央法規。
社会福祉辞典編集委員会編『社会福祉辞典』大月書店。
社会保障の手帳（平成26年版）中央法規。
公益社団法人日本医療社会福祉協会編『平成26年補訂版　福祉・医療制度活用ハンドブック』新日本法規。
小倉襄二・佐藤進監修，山路克文・加藤博史編『現代社会保障・福祉小辞典』法律文化社。
社会保障制度審議会事務局編『社会保障の展開と将来』法研。
社会保障研究会編『戦後の社会保障資料』至誠堂。
パットセイン著，木下康仁訳『老人の歴史』東洋書林。
橋本宏子ほか『社会福祉協議会の実態と展望』日本評論社。

略 歴 書

（1）経　歴
昭和 20 年 5 月北海道に生まれる。
昭和 45 年 4 月弁護士登録（第 2 東京弁護士会）。

（2）著　書
『子どもたちの事件と大人の責任』1997 年。
『乳幼児の事故と保育者の責任』1998 年。
『社会福祉と人権』1999 年。
『人間らしく生きる権利の保障』2002 年。
『介護保険と老人ホーム』2003 年。
『現代福祉国家と企業社会における弁護士の役割』2004 年。
『措置と契約の法政策と人権』2006 年。
『障害者自立法制の現状と問題点』2008 年。
『社会保障立法と司法の役割』2009 年。
『高齢者の生活の安定と法知識』2009 年。
『高齢者の法的支援と権利擁護』2010 年。
『介護・保育などの事故と家族の悲しみと怒り，行政・法人の責任と役割』2011 年。
『社会保障，社会福祉の権利をいかに獲得するか』2012 年。
　以上，創風社。

（3）自費出版
『自分らしく生きる』自費出版，2011 年。
『1970 年以降の生存権法理の展開と実践』2012 年。
『人権の歴史からみた国家と個人の関係』2013 年。

(4) 共著等

井上英夫・高野範城編『実務社会保障法講義』民事法研究会, 平成19年。

高野範城・青木佳史編『介護事故とリスクマネジメント』あけび書房 2004年。

高野範城・荒 中・小湊純一著『高齢者・障害者の権利擁護とコンプライアンス』あけび書房, 2005年。

尾山宏・高野範城編『子どもの人権と管理教育』あけび書房, 1986年。

高野範城・佐野正人・伊藤周平編『これでいいのか, 介護保険』エイデル研究所, 1997年。

日本弁護士連合会高齢者の権利に関する委員会編
　Q&A『高齢者・障害者の法律相談』民事法研究会, 2005年。

『高齢者虐待防止法』活用ハンドブック 民事法研究会, 平成18年。

『契約型福祉社会と権利擁護のあり方を考える』あけび書房, 2002年。

『高齢者・障害者施設での金銭管理Q&A』あけび書房, 2006年。

高齢社会対策本部と共編『災害時における高齢者, 障がい者支援に関する課題』あけび書房, 2012年。

高野範城・新村繁文編『今なぜ権利擁護か』公人の友社, 2010年。

(5) 主な論文

「社会保障裁判における実態調べの意義」第2回日本社会保障学会報告「賃金と社会保障」1983年5月10日。

「体罰裁判からみた学校, 教育委員会」。

「日本教育法学会年報」14号 1985年。

「福祉訴訟の動向」『ジュリスト』増刊総合特集。

「転換期の福祉問題」1986年1月。

「記念講演 社会福祉と人権」第39回社会福祉研究会発表大会報告

日本社会事業大学，2001 年 1 月。

「教育保障と社会保障」『講座 社会保障法』第 6 巻，2001 年 1 月。

「障害者の所得保障政策の検討――学生無年金障害者問題の検討を中心に」『障害者問題研究』28 巻 4 号，2001 年。

「認知症と権利擁護――リスクマネジメントとの関係を中心に」『日本認知症ケア学会』6 巻 3 号 2007 年 11 月。

「障害者保健福祉と人権」『公衆衛生』72 巻 1，2008 年 1 月。

「介護保険制度下の利用者の権利――実情と問題点」（特集：真の介護保障をめざして――介護保険制度の矛盾をつく）『月間ゆたかなくらし』2004 年 5 月。

「深刻化する高齢者虐待を防ぐ――高齢者の虐待防止法の制定に向けて」『月間ゆたかなくらし』2005 年 7 月。

「学生無年金障害者裁判の最高裁における課題――障害者の所得保障と自立をめぐって」『法と民主主義』2005 年 12 月。

「高齢者虐待防止法の意義と今後の課題」（特集：増加する高齢者虐待をどう防ぐか）『月刊ゆたかなくらし』2006 年 3 月。

「見直し新介護保険と高齢者虐待防止法（上）」（特集：誰のための見直し――動きだした改定介護保険法）『月刊ゆたかなくらし』2006 年 7 月。

「見直し新介護保険と高齢者虐待防止法（下）」（特集：高齢者と社会的負担）『月刊ゆたかなくらし』2006 年 8 月。

「最高裁判決の批判的検討 最高裁は少数者の基本的人権擁護と憲法理念の実現に真摯であれ」（特集：学生無年金障害者訴訟最高裁判決を斬る）『法と民主主義』2008 年 1 月。

「障害者の権利条約と日本の動き」（特集：障害者権利条約と日本の動き）『さぽーと：知的障害福祉研究』2009 年 1 月。

「高齢者の生活と消費者被害」（特集：悪質商法にねらわれる高齢者）『月刊ゆたかなくらし』2010 年 7 月。

「超高齢社会と弁護士，弁護士会の取り組み』（特集：超高齢社会

における弁護士の役割)『自由と正義』2011 年 4 月。
「SEMINAR 権利を理解するための基礎講座 ADA の成立と障害者差別禁止法」『さぽーと：知的障害福祉研究』通号 671，2012 年 12 月。
「成年後見制度の現状と課題」(特集：成年後見制度は機能しているか)『月刊ゆたかなくらし』2013 年 3 月。
「社会福祉サービス利用契約における消費者の視点と成年後見人等の役割」(特集 消費者としての高齢者を支援する)『実践成年後見』2014 年 3 月。
「社会保障裁判の特徴と課題」潮見隆俊ほか『現代司法の課題』勁草書房。
ほか多数。

(6) 弁護士会での主な活動

① 昭和 54 年以降，日本弁護士連合会の人権擁護委員会内の社会保障問題調査研究委員会の委員として所属（同委員会の委員長など歴任）。同委員会で『養護施設をめぐる法的諸問題』(昭和 55 年 6 月 11 日），『保育施設をめぐる法的諸問題』(昭和 59 年 1 月），『老人の人権保障よりみた老人保健法の問題点』(昭和 61 年 9 月），『児童福祉施設等における事故の補償をめぐる法的諸問題』(平成 3 年 3 月），1990 年 8 月に日弁連でスウェーデン，デンマーク，ノルウェーの老人施設の調査に出向く。『北欧の老人施設調査団報告書』(平成 3 年 10 月），『人間の尊厳と高齢者の権利に関する報告書——介護との関わりで——』(平成 7 年 12 月）の報告書作成に関与。

② 平成 9 年 4 月，同 10 年 4 月，関東弁護士連合会人権擁護員会委員長。『管内人権擁護委員長会議報告書』の形で，東京・埼玉の痴呆性高齢者，知的障害者の権利擁護機関の活動を紹介（平成 9 年 10 月），『事例を通じてみた現行障害者福祉法制の問題点』(平成 10 年

10月),『人間の尊厳と障害者の働く権利に関する意見書』(平成12年6月),『成年後見制度の活用と実務』Q&A(平成13年3月)の報告書作成に参加。

③ 平成10年から平成15年,日本弁護士連合会高齢者・障害者の権利に関する委員会事務局長。『介護保険サービスモデル契約書』作成に関与(平成12年3月)。平成13年5月ドイツに介護保険と成年後見の調査に出向く。

④ 平成16年6月から平成18年5月まで日本弁護士連合会高齢者・障害者の権利に関する委員会委員長,その後委員。

⑤ 平成21年6月,日本弁護士連合会高齢社会対策本部長代行,その後委員。

(7) 弁護士会でのシンポ等の活動
① 昭和52年10月 日本弁護士連合会主催,第20回人権擁護大会シンポジウム(大阪)『社会保障と人権』の実行委員として『社会保障事件における立法裁量論の問題について』を報告。

② 昭和53年11月 日本弁護士連合会主催,第21回人権擁護大会シンポジウム(高松)『子どもの人権』実行委員として『実子特例法をめぐって』を報告。

③ 昭和60年10月 日本弁護士連合会主催,第28回人権擁護大会シンポジウム(秋田)『学校生活と子どもの人権』の実行委員として参加。

④ 平成3年11月 日本弁護士連合会主催,国連広報部後援,第34

回人権擁護大会シンポジウム(宇都宮)『子どもたちの笑顔がみえますか——子どもの権利条約と家族・福祉・少年司法——』の副委員長として参加。

⑤ 平成5年12月 関東弁護士連合会主催,全社協後援の人権研究大会の副委員長として『障害者の人権』シンポに参加。

⑥ 平成7年10月 日本弁護士連合会主催,第38回人権擁護大会シンポジウム(高知)『高齢者の人権と福祉——介護のあり方を考える——』の副委員長として参加。

⑦ 平成8年9月 関東弁護士連合会主催,『高齢者の財産管理』のシンポジウムの実行委員として参加。

⑧ 平成13年10月 日本弁護士連合会主催,第43回人権擁護大会シンポジウム(奈良)『契約型福祉社会と権利擁護のあり方を考える』の実行委員長として参加。

⑨ 平成17年11月 日本弁護士連合会主催,第47回人権擁護大会シンポジウム(鳥取)『高齢者,障害のある人が地域で自分らしく安心して暮らすため』の実行委員として参加。

また,日弁連主催の行政の職員・社会福祉士・弁護士・医師ら異業種による『権利擁護の集い』(大阪,仙台,名古屋,福岡,横浜,岡山など)に関与。

(8) その他
社会福祉法人の理事長,理事,評議員,監事,NPO法人の監事,自治体の審査会・審議会の委員,民間の保育園・病院・老人ホーム

などの苦情解決の第三者委員，自治体・大学などの第三者委員会の責任者などを多数歴任，日本社会保障学会，日本教育法学会所属。

人生90年時代を高齢者が年金と預金で人間らしく生活するには
――所得保障・医療・介護・住宅・後見・相続・終活――

2015年8月1日　第1版第1刷印刷
2015年8月15日　第1版第1刷発行

著　者　　高　野　範　城
発行者　　千　田　顯　史

〒113―0033　東京都文京区本郷4丁目17―2

発行所　　(株)創風社　電話（03）3818―4161　FAX（03）3818―4173
　　　　　　　　　　振替 00120―1―129648
　　　　　　　http://www.soufusha.co.jp

落丁本・乱丁本はおとりかえいたします　　印刷・製本　協友印刷

ISBN978―4―88352―225―5